KB104170

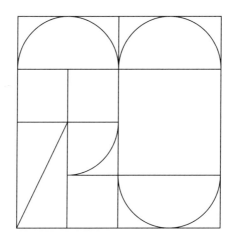

성호사설을 읽다

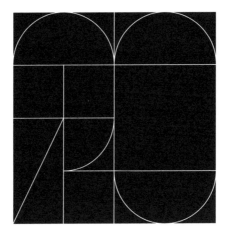

성호사설을 읽다

=

실학 사상과 이익을
공부하는 첫걸음

설흔 지음

일러두기

이 책에 수록된 글의 번역은 한국고전번역원 사이트에 수록된
『성호사설』과 책 뒷부분에 정리된 관련서를 두루 참조했습니다.
쉽게 읽히도록 직역보다는 의역 쪽을 택했음을 미리 밝힙니다.
『성호사설』을 주로 다루되 필요에 따라서는 『성호전집』과
『성호선생언행록』도 인용했습니다(『성호전집』은 한국고전번역원
사이트의 것을 인용하되, 『성호집』(최채기·정영미 옮김,
한국고전번역원, 2017)을 참조했습니다).

머리말
지금 『성호사설』을 읽어야 하는 이유

　우리 고전을 읽다 보면 이 사람은 정말로 똑똑하구나 하고 감탄하게 되는 경우가 종종 있습니다. 『북학의』를 쓴 박제가, 『열하일기』를 쓴 박지원, 『목민심서』를 쓴 정약용이 대표적이지요. 똑똑함의 기준에서 볼 때 성호 이익은 제가 예로 든 세 사람에 조금 못 미칩니다. 이익의 글에서 번뜩이는 무엇인가를 발견하기가 쉽지 않다는 뜻입니다. 이익의 생각은 비범하기보다 평범하고, 문장은 매끄럽기보다 소박합니다. 하지만 저는 평범하고 소박한 이익의 글을 읽으며 여러 차례 눈시울을 훔쳤습니다. 그 이유는 오직 하나, 마음이 따뜻한 사람만이 쓸 수 있는 글이었기 때문입니다.

'마음이 따뜻하다.' 어쩌면 낡은 표현일지도 모르겠습니다. 새로운 정보와 지식으로 무장해도 모자란 시대에 선한 마음이라니, 시대착오적인 생각일지도 모르겠습니다. 그러나 저는 지금 이 시대가 겪는 어려움은 따뜻하고 선한 마음의 부재 때문이라는 어리석은 믿음을 고수하고 싶습니다. 우리 주위를 한번 살펴보기 바랍니다. 똑똑한 사람이 차고 넘치나, 어쩐 일인지 세상은 점점 더 살기 어려운 곳으로 변해 가고 있습니다. 왜 그럴까요? 그 이유가 궁금하다면, 사람이 사는 세상은 진정 어떠한 곳이어야 하는지 알고 싶다면, 이제 『성호사설』을 펼쳐 볼 일입니다.

1

『성호사설』은 어떤 책인가?

『성호사설』星湖僿說이라는 책의 이름은 우리에게 무척 친숙합니다. 하지만 『성호사설』이 도대체 어떤 종류의 책이냐는 질문에 대답하기는 쉽지 않습니다. 고민에 빠진 분을 위해 간단하면서도 정확한 답을 알려 드립니다.

『성호사설』은 '성호'가 쓴 '사설'입니다. 성호星湖는 조선 후기의 대학자 이익(1681-1763)의 호이며, 사설僿說은 소소하고 자잘한 이야기라는 뜻입니다. 그러니까 『성호사설』은 성호 이익이 쓴 소소하고 자잘한 이야기 모음집이지요. '설마, 이름부터 고상하고 심오해 보이는데 고작 소소하고 자잘한 이야기책이라니' 하고 고개를 갸웃할지도 모르겠습니다.

그럴 만도 합니다. 중고등학교 수업 시간, 즉 국가가 주체가 된 공적인 교육 채널을 통해 우리가 들어 왔던 『성호사설』은 이른바 중농학파 실학 사상의 정수가 담긴, 역사적으로나 학문적으로나 대단히 중요하고 훌륭한 책이니까요. 네이버로 검색해 본 『두산백과사전』에도 "앞 시기의 실학적 성과를 집대성하여 후배들에게 전파하는 호수의 구실을 하였다"라고 하는, 역시 어마어마한 무게감을 지닌 설명이 나와 있습니다. 『한국민족문화대백과사전』 또한 비슷합니다.

『성호사설』에 담긴 사상은 하나의 호수에 비겨 말하기도 한다. 즉 유형원 이래 발전되어 온 실학이 그의 저술에 이르러 모두 통합되었다가 그 뒤 각 분야의 전문 학자에 의해 더욱 분화되어 심층적으로 연구된 것을 뜻한다.

1622년에 태어나 1673년에 세상을 떠난 유형원은 성호 선생(앞으로는 이 호칭으로 통일하겠습니다)보다 앞 세대 사람입니다. 관리로서의 꿈을 일찌감치 접고, 전라도 부안의 우반동에 은거하면서 『반계수록』이라는 혁신적인 책을 저술했지요. 유형원은 백성에게 고통을 주는 전제, 군역, 공물 제도 등의 문제를 집중적으로 검토했으며 국가의 체질을 개선하기 위한 관제 개혁 및 과거 제도 개선 등에도 목소리를 높였습니다.

"우리나라 최초의 문화 백과사전"* 『지봉유설』을 지은 이수광의 이름도 잠깐 언급하고 넘어가는 게 좋겠습니다. 『성호사설』은 흔히 이수광의 『지봉유설』과 유형원의 『반계수록』을 계승한 책이라고 평가되기 때문입니다. 실제로 백과사전적인 성격은 『지봉유설』과 유사하며, 사회에 대한 비판과 개혁론은 『반계수록』과 유사합니다.

성호 선생이 유형원, 이수광 이 두 사람과 인연을 맺고 있다는 점 또한 흥미롭습니다. 유형원과는 인척 관계였으며 이수광의 가문과는 혼인을 통해 대대로 교류를 이어 왔습니다. 성호 선생은 두 사람 중에서도 유형원을 무척 존경하여 「반계 유 선생전」磻溪柳先生傳이라는 전기를 쓰고, "세상을 경영할 인재"라고 평가했습니다(북학파 박지원 또한 허생의 입을 통해 "유형원은 일국 군대의 식량을 능히 조달할 수 있는 인재"라고 언급한 바 있습니다).

다시 원래 이야기로 돌아가자면, '호수'라는 단어가 서로 다른 백과사전에 거듭 사용된 것이 눈에 띕니다. 호수의 정확한 뜻을 알기 위해 『표준국어대사전』을 검색했더니 "땅이 우묵하게 들어가 물이 괴어 있는 곳. 대체로 못이나 늪보

---

* 이수광 지음, 남만성 옮김, 「작품 해설」, 『지봉유설』(올재, 2016), 14쪽.

다 훨씬 넓고 깊다"라고 풀이되어 있습니다. 지나치게 과학적인 설명이라 좀 냉정한 느낌이 들기는 해도 왜 호수를 언급했는지는 충분히 알 만합니다. 『성호사설』이 당대 사상의 저장 창고 혹은 지식의 도서관 같은 중요한 역할을 했다는 뜻으로 이해하면 되겠지요. 그렇다면 당사자인 성호 선생은 어떻게 생각했을까요? 성호 선생은 세상 물정에 어두운 사람처럼 『성호사설』의 엄청난 위상을 전혀 예견하지 못한 채 소소하고 자잘한 이야기라는 주장을 굳게 밀고 나갑니다. 『성호사설』의 서문입니다.

『성호사설』은 성호 옹의 희필戱筆이다. 왜 지었느냐고? 별다른 뜻은 없었다. 뜻도 없었는데 어떻게 책이 생겨났을까? 옹은 한가한 사람이다. 책을 읽다가 여가가 생기면 전기나 제자백가나 문집이나 시가에서 혹은 남에게 들은 이야기나 우스갯소리에서 웃고 즐길 만해서 두고두고 볼만한 내용을 골라 붓이 가는 대로 옮겨 적다 보니 어느새 커다란 더미를 이루었다.

처음에는 잊지 않기 위해 공책에 기록해 두었다. 공책 끝에 제목을 줄줄이 적는 방식을 취했는데 두루 살펴보기가 힘이 들어 부문으로 나누었고, 마침내 여러 권의 책으로 정리하기에 이르렀다. 책의 꼴이 되었는데 이름이 없으면 곤란한 법, 그래서 사설이라 부르기로 한다. 마지못해 붙인 이름이지, 뭐 대단한 의미가 있는 건 아니다.

"희필"은 장난삼아 지은 글이라는 뜻입니다. 자신의 글을 겸손하게 말할 때 쓰는 상투적 표현이지요. 그런데 서문에는 희필뿐 아니라 "별다른 뜻은 없었다", "한가한 사람", "붓이 가는 대로 옮겨 적다 보니", "마지못해 붙인 이름" 등 진지함과는 상극인 단어와 문장이 떼 지어 등장합니다. 성호 선생의 말을 액면 그대로 믿는다면 정말 심심풀이 땅콩 같은 소소하고 자잘한 책인가 보다 하고 결론을 내릴 수도 있겠습니다. 물론 성호 선생의 고백에는 함정이 존재합니다. 소설의 화자가 반드시 사실만을 털어놓는 게 아니듯 책의 저자 또한 늘 진실만을 말하는 건 아니라는 겁니다. 더군다나 한가해서 심심풀이 삼아 썼다는 식으로 대놓고 자신의 글을 폄하 또는 무시하는 문장을 읽을 땐 특히 신중할 필요가 있습니다. 그러므로 '사설'이라는 단어의 정체를 정확히 이해하려면 두 눈을 부릅뜨고 정신을 집중하는 탐정의 마음을 먹어야 합니다. 서문은 다음과 같이 이어집니다.

옹은 20년 동안 경서를 연구하면서 성현이 남긴 뜻을 살피고 나름으로 이해한 대로 각각 설說을 만들었다. 글 쓰는 일을 워낙 좋아해서 남과 주고받으며 읊은 시문, 서序, 기記, 논論, 설說을 따로 모아 두었다. 사설 따위는 그런 분류에 들어갈 수 없는 것이니 쓸데없는 말임에 틀림이 없다. 나 먹기는 싫어도 버리기는 아깝다는 속담이 있다. 옹이 꼭 그런 셈이니 이것이 바로 사설을 지은 까닭이다.

앞서 인용한 서문에서 성호 선생이 했던 말 중 한 가지는 벌써 거짓으로 판정이 났습니다. '한가한 사람' 운운했던 부분이지요. 20년 동안 경서를 연구한 선생이 한가한 사람이라면 세상에 부지런한 사람은 아무도 없겠지요! 성호 선생의 학문적 동지였던 조카 이병휴가 「성호 선생의 행적」에서 회고한 내용입니다.

또 날마다 많은 학생에게 글을 가르치고, 왕래하는 빈객과 문생을 맞아 대접하는 것에서 하나하나 마땅하지 않은 것이 없었다. 그렇게 하고 남은 여가에는 글을 읽었고, 의심나는 것은 기록해 두었으며, 그러고도 여가가 나면 편지에 답장하거나 부탁받은 글을 지었다. 비록 상대의 신분이 낮고 나이가 어릴지라도 어려운 일을 겪으면 반드시 찾아가 문안했고, 편지를 보내오면 꼭 답장을 써서 혹시라도 빠뜨리는 일이 없었다. 밤에는 반드시 등불을 밝히고 책을 대했는데 한밤중이 되어서야 잠자리에 들고 새벽에 일찍 일어났다. 잠자는 시간이라야 겨우 서너 시간에 지나지 않았다.

한가하기는커녕 쉴 새 없이 공부하는 학자이자 실천하는 선비의 삶을 살았던 성호 선생의 회고를 제대로 이해하려면 그의 삶을 대략적으로나마 살펴보아야 합니다. 성호 선생은 1681년 평안도 운산에서 태어났습니다. 평안도라, 일반적인 양반 자제의 출생지로는 색다른 장소이지요. 운산은 성호 선생의 아버지 이하진이 유배 생활을 했던 곳입니다. 남인 당파의 중진으로 윤휴와 무척 가까운 사이였던 이하진은 1680년 이른바 경신환국으로 남인이 대거 숙청되던 때, 대사간에서 진주목사로 좌천되었고, 얼마 후 운산으로 유배되었다가 1682년 세상을 떠났습니다.

불과 두 살의 나이에 아버지를 잃은 성호 선생은 여주 이씨가 대대로 살아왔던 안산 첨성리로 돌아왔고 40대 중반 이후에는 그곳에 완전히 정착합니다(성호 선생의 호인 성호는 첨성리 집 근처 호수의 이름입니다). 어린 시절에 잔병치

레를 많이 했던 탓에 성호 선생이 본격적으로 공부를 시작한 건 열 살이 넘어서였습니다. 성호 선생의 첫 스승은 둘째 형 이잠이었습니다. 20여 년의 터울이 있으니 형이라기보다는 아버지 같은 존재에 더 가까웠습니다. 남보다 늦게 시작했지만, 성호 선생은 형의 지도하에 착실히 공부에 매진했습니다. 성호 선생 같은 이에게 어릴 적 일화가 없을 리 없습니다. 다소 통속적인 내용이기는 하나 나중에 이야기할 공부법과 밀접한 관련이 있는 이야기를 하나 소개합니다.

> 선생이 관례冠禮를 한 뒤에 경학經學에 박식한 족형 백아공 (이육)을 찾아가 뵈었다. 백아공이 겸손하고 신중한 태도를 무척 아껴서 경사자집經史子集의 좋은 말과 행실을 자세히 가르쳤다. 선생이 말했다. "저는 시간이 지나면 쉽게 잊어 버립니다. 종이에 써서 가져가겠습니다." 선생은 종이와 붓을 달라고 요청한 후 써 나가면서 의심나는 곳은 여러 번 계속 질문했다.*

성호 선생은 25세 때 증광시 초시에 응시해 합격했습니다. 그러나 이름을 등록하는 절차를 어겼다는 이유로 탈락하는 아픔을 맛보았습니다(성호기념관 사이트에서는 "답안

---

* 이삼환 지음, 허호구 옮김, 『성호선생언행록』(단국대학교출판부, 2013), 13 - 14쪽. 인용서의 문장을 따르되 조금 다듬었다.

지에 적은 이름이 잘못되었다는 빌미로"라는 표현을 썼습니다). 성호 선생이 과거에 급제해 출사하는 입신양명의 꿈을 완전히 접은 건 이듬해인 1706년이었습니다. 둘째 형 이잠이 동궁(경종)을 보호하며, 남인을 축출한 김춘택을 죽일 것을 요청한 상소문을 올린 후 18차례의 신문을 당한 끝에 사망한 사건이 발생한 것입니다. 아버지에 이어 형까지 당쟁의 희생양이 된 것이지요. 현실에 단단히 환멸을 느낀 성호 선생은 한동안 세상을 유람했습니다. 삼각산, 관악산, 백운동서원, 청량산, 도산서원 등을 방문하며 분한 마음을 삭였습니다. 성호 선생의 고백입니다.

> 저는 젊은 시절엔 제대로 공부하는 방법을 몰랐습니다. 과거 공부를 그만둔 뒤로는 두문불출한 채 고통스러운 삶을 살았습니다.　　　　　　　　　　　－「안정복에게 답하다」

유람한 곳 중에 청량산과 도산서원의 이름이 눈에 띕니다. 청량산은 이황이 틈날 때마다 머물며 공부하던 장소이며, 도산서원은 이황의 제자들이 스승을 추모하기 위해 세운 공간입니다. 그렇습니다. 성호 선생이 제일 존경하는 이는 바로 이황이었습니다.

우리 동국의 선현에 대해 극찬하셨다. "퇴계의 학문이 홀로 주자의 도를 전했는데 가장 성대하다." 선생은 퇴계를 주자朱子처럼 존경했다. ─「성호 선생의 행적」

남인의 정신적 지주라 할 이황의 유적지를 방문한 후 성호 선생은 흩어졌던 마음을 다잡았던 것으로 보입니다. 훗날 성호 선생은 홍상조에게 보낸 편지에서 그때의 감흥을 다음과 같이 밝혔습니다.

예전에 도산서원과 청량산에 잠깐 들른 적이 있습니다. 꿈에도 선한, 맑은 향기를 지금도 잊지 못합니다. 우리나라 사람이라면 누구나 귀의하고 싶을 것입니다.

─「홍상조에게」

그 후 성호 선생은 유교 경전을 재해석하는 작업을 시작했습니다. 몇 년간의 공부 끝에 내린 결단입니다. '재해석'했다는 사실이 중요합니다. 기존의 해석, 즉 주자 중심의 해석을 반박하고 수정해야 할 필요를 느꼈다는 것이지요. 제일 먼저 시작한 경전은 『맹자』였습니다. 공자의 뜻을 이해하려면 반드시 『맹자』부터 시작해야 한다고 믿었기 때문입니다. 『맹자』 연구는 뜻밖의 값진 선물도 주었습니다. 오랫동안 기다려 왔던 아들이 태어난 것이지요. 성호 선생은 아들에게 맹자의 '맹'을 가져와 맹휴라는 이름을 붙여 주었습니다.

성호 선생의 경전 재해석은 선생이 말했던 것처럼 20년 동안 계속되었습니다. 성호 선생은 『맹자』, 『대학』, 『소학』, 『논어』, 『중용』, 『근사록』, 『심경』, 『주역』, 『서경』, 『시경』, 『주자가례』 등 총 11권의 경전을 철저하게 읽고 분석하고 재해석한 내용을 '질서'疾書라는 이름의 책으로 만들었습니다. 『맹자질서』, 『대학질서』 하는 식으로 말이지요. '질서'는 생각이 떠오르면 곧장 기록하는 행위를 말합니다. 생소한 단어일 테니 성호 선생의 말을 직접 인용하는 편이 좋겠습니다.

질서는 무슨 뜻인가? 생각이 떠오르면 곧장 기록하는 것이다. 금세 잊어버릴까 두려워한 까닭이다. 깊이 이해하지 못하면 잊어버리고, 한번 잊어버리면 그 생각은 다시는 떠오르지 않는다. 그러므로 깊이 이해하는 것이 가장 좋은 방법이고 곧장 기록하는 건 그다음이다. 하지만 이 또한 깊이 이해하기 위한 또 다른 방법이다.　　　　　―「맹자질서 서문」

생각이 떠오르면 곧장 기록한다는 부분이 중요합니다. 어릴 적부터 가져 왔던 공부법이 떠오르는 장면이기도 하지요. 그런데 곧장 기록한다는 건 말이 쉽지 막상 해 보면 이보다 어려운 일도 없습니다. 생각이 떠오르는 때가 해가 뜨고 지는 시각처럼 명확히 정해져 있는 게 아니니까요. 비유하자면 생각은 게릴라와 같습니다. 전혀 예상치 못한 시간과 장소에 갑자기 나타났다가 유유히 사라집니다. 그러므로 출몰에 일정한 패턴이 존재하지도 않는 생각을 잡으려면 철두철미하게 준비를 해야 합니다. 성호 선생은 집안 곳곳에 붓과 종이를 비치해 놓았고, 외출할 때도 항상 붓과 종이를 휴대하고 다녔다고 합니다. '질서'는 그 생각들을 놓치지 않고 잡아 놓은 꼼꼼한 수집의 기록입니다. 물론 성호 선생도 사람이라 단 하나의 생각도 놓치지 않고 모두 포획했다고 말하기는 좀 무리겠지요. 그러나 늘 주의를 기울였다는 사실은 부정하기 어렵습니다. 다른 말로 하면 20년의 세월 동안 한시도 자신이 공부하고 있는 책 생각을 머리에서 지우지 않았다는 뜻입니다.

더 놀라운 건 그다음입니다. 보통의 학자 같으면 유교 경전을 자신만의 관점에서 재해석한 결과물인 '질서'를 쉬지 않고 쓰는 일만으로도 진이 빠져서 다른 일은 할 엄두도 내지 못했을 것입니다. 그런데 성호 선생은 『성호사설』의 서문에 이렇게 썼지요. "글 쓰는 일을 워낙 좋아해서 남과 주고받으며 읊은 시문, 서序, 기記, 논論, 설說을 따로 모아 두었다."

성호 선생이 시문, 서, 기, 논, 설 같은 글을 따로 말한 이유가 있습니다. 그런 종류의 글이 보통 문집에 수록되기 때문입니다. 성호 선생의 문집도 마찬가지입니다. 그런데 현존하는 『성호전집』에 실린 글의 분량이 엄청납니다. 시 1,150여 수, 해동악부 119편, 편지 512편, 잡저 176편, 서문 104편 등 총 2,374편입니다.*

번역 분량만 원고지 3만 7000장에 이른다고 합니다. 책 한 권을 원고지 1,000장으로 추산하면 무려 37권에 이릅니다. 11권의 '질서', 독립된 이름으로 따로 발간된 책은 제외한 결과입니다. 이것이 전부가 아닙니다. 성호 선생의 글은 아직 더 남아 있습니다(정약용의 『여유당전서』 번역 분량이 약 원고지 5만 8000매라는 사실과 비교해 볼 만합니다.** '질서'에 넣기에도, 문집에 넣기에도, 특정한 하나의 주제로 묶인 책에 넣기에도 모호한 글을 따로 모은 책이 바로 『성호사설』입니다. 이것이 바로 사설이라는 이름의 진정한 뜻입

---

* 최채기·정영미 옮김, 「이익은 누구인가」, 『성호집』(한국고전번역원, 2017), 15쪽. 그런데 이 숫자는 『성호전집』의 내용을 정리한 이병휴가 「발문」에서 밝힌 숫자와 약간 차이가 있다.
** "다산 정약용 여유당전서에서 삶의 길을 묻다", 네이버 문화재단 고전 번역 프로젝트, 2020년 6월 3일 접속, https://www.naverfoundation.org/classics

니다. 성호 선생의 표현을 그대로 따르자면 내가 먹기는 싫은데 버리기는 좀 아까운, 쓸모라고는 전혀 없으나 버리기에는 꺼려지는 계륵 같은 글의 모음집인 셈이지요.

그럼 이제 『성호사설』의 구성을 살펴보도록 하겠습니다. 구성이라고 쓰기는 했지만, 북극성처럼 드높은 명성에 비해 체계는 무척 단순해서 조직이라는 말을 붙이기에도 조금 민망합니다. 『성호사설』은 3,000여 개의 항목을 다섯 부문(천지문, 만물문, 인사문, 경사문, 시문문)에 나누어 수록했습니다. 개략적으로 말해 '천지문'天地門은 천문과 지리, '만물문'萬物門은 온갖 사물과 생물, '인사문'人事門은 사람과 관련된 정치, 경제, 사회, 제도, '경사문'經史門은 경전과 역사, '시문문'詩文門은 시와 문장에 대한 비평 등을 다룬 항목을 포함합니다.

엄정하게 분류되어 있다고 말하기는 어렵습니다. 망우당 곽재우를 다룬 「곽망우」郭忘憂는 인사문에 있어야 할 것 같으나 경사문에 들어가 있고, 『순자』의 내용을 다룬 「순자해폐편」荀子解蔽篇은 경사문에 있어야 할 것 같으나 시문문에 들어가 있는 식입니다. 앞서 살펴보았던 서문의 내용, 즉 "두루 살펴보기가 힘이 들어 부문으로 나누었고, 마침내 여러 권의 책으로 정리하기에 이르렀다"라는 고백은 틀림없는 사실입니다. 우리의 성호 선생이 자연과학자처럼 객관적이고 과학적인 기준을 가지고 정밀한 분류 작업을 시도하지 않았다는 점만큼은 분명합니다.

사정이 이렇다 보니 중복되는 내용도 제법 많아서 읽다 보면 아까도 읽었는데 하는 생각이 드는 항목이 꽤 있습니다. 사실과 다른 부분도 존재합니다. 「육약한」陸若漢(만물문)이라는 제목의 글에서 성호 선생은 조선 사신 정두원이 중국에서 만난 서양 선교사 육약한, 즉 로드리게스의 나이가 97세라고 썼지만 로드리게스의 실제 나이는 71세였습니다. 또한 연대 구분이 전혀 없는 까닭에 집필 순서를 정확히 파악하기가 아예 불가능합니다.

『성호사설』의 분류 원칙은 아무런 원칙이 없다는 것이라는 다소 극단적인 평가도 있습니다.* 다섯 부문으로 나누기는 했지만, 부문 간의 균형도 전혀 맞지 않습니다. 다섯 부문 중 경사문(1,048항목)과 인사문(990항목)의 비율이 60퍼센트를 넘습니다(천지문은 223항목, 만물문은 368항목, 시문문은 378항목입니다). 성호 선생의 주된 관심사가 경전과 사람과 사회에 치우쳐 있었음을 의미합니다.

그런 분명한 사실에도 불구하고 한 가지 흥미로운 건 만물문이 인사문 앞에 배치되었다는 점입니다. 사람이야말로

---

* 최석기 옮김, 『성호사설』(한길사, 1999), 37쪽.

만물의 주재라는 것이 유교 사상의 특징입니다. 주돈이는 우주와 인간의 근원에 대해 설명한 『태극도설』太極圖說에서 "오직 인간만이 가장 잘 정제된 바탕을 받아 만물의 영장이 되었다"*라고 명확하게 선언한 바 있습니다. 그런 의미에서 만물이 먼저 존재하고, 사람은 그 만물 중의 하나라는 성호 선생의 생각은 작은 반전입니다.**

그런데 성호 선생의 제자 중에는 『성호사설』의 방만한 구성, 붓이 가는 대로 옮겨 적은 자유로운 집필 방법 그리고 내용의 신빙성에 불만을 가진 이들이 있었습니다. 우리가 잘 아는 정약용도 그중 한 명이지요. 성호 선생에게 직접 배운 적은 없으나 (공자, 맹자처럼) 성호부자星湖夫子라는 극존칭을 사용했고 "우리가 천지의 웅대함과 일월의 광명함을 알 수 있게 된 것은 모두 이 선생의 힘이었습니다"(「작은 형님께」)라고 고백하며 성호 선생의 인격과 학문을 무척 흠모했던 정약용은 『성호사설』에 대해 이런 야박한 평가를 했습니다.

나는 일찍이 『성호사설』이 후세에 전할 만한 올바른 책이 되지 못한다고 말한 바 있다. 옛사람이 만들어 놓은 글과 자신의 의논을 뒤섞어서 책을 만들었으므로 올바른 의례가 될 수 없기 때문이다. ―「두 아들에게」

---

* 한형조 옮김, 『성학십도, 자기 구원의 가이드맵』(한국학중앙연구원, 2018), 17쪽에서 재인용.
** 심승구, 「만물문을 통해 본 성호 실학의 현대적 의미」, 『성호학보』 10호(성호기념관, 2011), 99쪽.

또한 정약용은 천지와 일월을 들어 성호 선생을 높이 평가했던 바로 그 편지에서 『성호사설』의 내용에 의문을 표하며, 발췌하는 작업을 진행하고 있다고 밝혔습니다(실제로 책이 편집되었는지는 확인하지 못했습니다). 공부에서 깐깐할 정도로 원칙을 중시했던 정약용으로서는 『성호사설』의 집필 방식과 방만한 구성과 내용의 신빙성에 적지 않은 불만을 가졌던 것으로 보입니다.

안정복 또한 『성호사설』에 만족하지 못했던 사람입니다. 두 사람의 관계를 어느 정도 알고 있는 분에게는 조금 의외일 것입니다. 안정복은 성호 선생의 수제자이며, 『성호사설』을 재정리해 『성호사설유선』星湖僿說類選이라는 책을 편집한 사람이니까요. 조선 후기에 필사되어 전해진 『성호사설』은 대부분 『성호사설유선』이므로 그는 세상에 『성호사설』을 널리 알린 일등공신이라는 평을 들을 만합니다. 하지만 저는 『성호사설유선』을 새로 편집했다는 사실이야말로 안정복이 『성호사설』에 불만을 품었다는 증거라고 생각합니다.

성호 선생이 보낸 편지를 보면 안정복은 성호 선생의 조카가 필사한 『성호사설』을 읽은 후 아무래도 고쳐 쓰는 작업이 필요하겠다고 결심하고 선생에게 자신의 계획을 밝힌 것으로 보입니다. 안정복은 자기 생각이 강한 사람입니다. 자꾸 좋지 않은 일이 생기니 이름을 바꾸면 어떻겠느냐는 성호 선생의 은근한 권유도 단칼에 거절했지요.

안정복은 『성호사설』의 분류를 새로 하고 항목을 대폭으로 줄이는 등 우리가 보기에는 무척이나 과감한 개정 작업 계획을 성호 선생에게 전했습니다. 한두 해도 아니고 무려 40여 년 동안 기록해 온 책입니다. 비록 '사설'이라는 이름을 붙이기는 했지만, 자신의 땀과 정성의 산물인 책에 대한 무자비한 편집 방침을 제자로부터 전해 들은 성호 선생은 어떤 반응을 보였을까요? 안정복에게 보낸 편지에 성호 선생의 마음이 그대로 기록되어 전합니다.

'사설'을 책으로 만드는 건 처음의 생각이 아니었습니다. 40년 전부터 보이는 대로 의문점을 기록하고 붓을 휘둘러 바쁘게 베끼느라 더 살펴보지는 못했지요. 최근에야 집안 조카들이 베껴 써서 책으로 만들어졌으니, 내용이 겹치거나 빠지거나 잘못된 것은 당연한 일입니다. 작업한 내용을 한번 점검해 보니 실수를 다 말하기도 어려울 정도였습니다. 인편을 통해 순암順菴(안정복의 호)에게 책을 전한 건 말이 되지 않는 내용을 삭제해 주기를 바란 뜻에 지나지 않습니다. 단락 전체일지라도 과감히 지워 버리세요. (……) 시급한 현안을 다룬 몇 항목은 사리에 맞는 듯도 하지만, 십분의 일로 가려 낼 수 있으면 나로서는 다행이겠습니다. 오직 있어도 되고 없어도 되는 내용은 한결같은 사례를 적용하여 잘라 버려야 합니다. 어찌 그리 지나치게 의심하고 염려한단 말입니까?　　　　　　　　　—「안정복에게 답하다」

성호 선생은 참으로 대단한 인격의 소유자라는 생각이 저절로 듭니다. 글을 쓰는 사람이면 자신의 작품을 자식처럼 소중히 여겨서 한 글자, 한 문장을 없애는 데에도 신중에 또 신중을 기하는 법입니다. 남들의 사소한 지적에도 얼굴을 찌푸리고, 아무리 그래도 그렇지 하고 혼자서 중얼거리며 신경질적인 반응을 보이기 마련입니다. 그런데 성호 선생은 번잡할 뿐이니 십분의 일로 줄여도 무방하다고 말합니다. 성호 선생은 흔한 말로 '꼰대'와는 거리가 먼 사람이었습니다. 제자와 격의 없는 토론을 즐겼을 뿐 아니라 자신에 대한 비판 또한 조금도 불쾌하게 여기지 않았습니다. 스승의 의견을 맹목적으로 따르기보다 스스로 깨닫는 자득自得을 강조하고 또 강조한 사람이 바로 성호 선생이었습니다.

성호 선생의 완벽한 허락을 받은 안정복은 『성호사설』

개정 작업에 착수했습니다. 성호 선생이 십분의 일로 줄여도 무방하다고 했지만, 안정복도 사람인지라 아무래도 눈치가 보였는지 결국은 약 60퍼센트가량을 잘라 책을 완성했습니다. 줄어든 항목과 함께 『성호사설유선』에서 가장 눈에 띄는 건 분류 방식입니다. 안정복은 다섯 개의 부문으로만 구분되어 있던 느슨한 체제의 『성호사설』을 다섯 개의 편과 스무 개의 부문으로 깔끔하게 재정리했습니다.

천지편: 천문문天文門, 지리문地理門, 귀신문鬼神門(부록)
인사편: 인사문人事門, 논학문論學門, 논례문論禮門,
　　　　친속문親屬門, 군신문君臣門, 치도문治道門,
　　　　복식문服食門, 기용문器用門, 기예문技藝門
경사편: 경서문經書門, 논사문論史門, 성현문聖賢門,
　　　　이단문異端門
만물편: 금수문禽獸門, 초목문草木門
시문편: 논문문論文門, 논시문論詩門

목차를 살펴보는 것만으로도 『성호사설』이라는 책의 내용을 훨씬 더 잘 알 수 있게 된 장점이 확실히 있습니다. 안정복의 분류에서 또 하나 눈에 띄는 건 다섯으로 나뉜 각 편의 순서입니다. 성호 선생은 천지, 만물, 인사, 경사, 시문으로 순서를 잡았는데 안정복은 인사편을 만물편 앞으로 내세우고 만물편은 경사편 뒤에 배치했습니다. 성호 선생의 배치가 파격적이었다면 안정복은 유학자의 일반적인 사고로 순서를 정한 것이지요. 안정복이 채택한 만물편에는 31개 항목이 실려 있습니다. 368개 항목에서 31개 항목을 골랐으니(몇몇 항목을 다른 편으로 옮겨 놓은 것은 계산하지 않았습니다) 만물편만큼은 십분의 일 원칙을 지킨 셈입니다. 한 가지 흥미로운 건 안정복이 『성호사설』이라는 책 자체를 사실 그리 높게 평가하지는 않았다는 점입니다. 스승에게는 차마 털어놓지 못한 진심은 스승 사후 그가 다른 이에게 보낸 편지의 행간에서 읽을 수 있습니다.

전해 들은 이야기에 따르면 아무개가 비난하는 대상은 오로지 『성호사설』이라고 하더군요. 그런데 '사설'로 사람의 일생을 단정하고 마구 비난하는 것은 망령된 짓입니다.
성호 선생은 서문에서 "옹은 한가한 사람이다. 책을 읽다가 여가가 생기면 전기나 제자백가나 문집이나 시가에서 혹은 남에게 들은 이야기나 우스갯소리에서 웃고 즐길 만해서 두고두고 볼만한 내용을 골라 붓이 가는 대로 옮겨 적다 보니 (……) 책의 꼴이 되었는데 이름이 없으면 곤란한 법, 그래서 사설이라 부르기로 한다"라고 적었으니 쓸데없는 말이라는 것을 확정 지은 것입니다. 또 성호 선생이 내게 보낸 편지에 "40년 전에 한가로운 생각을 부질없이 기록한 것이니 망령된 글이라는 것을 상상할 수 있을 것이다. 그대가 간행하고 싶다면 곧바로 헤아려 내용을 정하되 나에게 묻지 말고 모두 삭제하고 조금만 남겨 둠으로써 끝없는 시비를 모면하게 해 주면 다행이겠다"라고 하셨으니 선생께서는 이미 이러한 일을 예상하셨던 것입니다.

—「황신수에게 답하다」

『성호사설』에 실린 당대 현실에 대한 가감 없는 비판과 서학에 대한 긍정적인 평가, 여러 가지 개혁 정책이 (노론) 권력자 내지 말 만들기 좋아하는 호사가의 심기를 꽤 불편하게 했던 모양입니다. 그 결과 성호 선생에 대한 비판의 수위가 위험할 정도로 높아지자, 안정복은 스승을 변호하기 위해 이 편지를 쓴 것으로 보입니다. 성호 선생의 본의가 결코 『성호사설』에 있지 않다고 주장한 겁니다. 안정복은 그 근거로 『성호사설』의 서문과 성호 선생이 자신에게 보낸 편지의 내용을 소개합니다.

그런데 읽다 보면 조금 이상한 느낌이 듭니다. 성호 선생이 서문에서 『성호사설』을 쓸데없는 말이라고 표현한 건 사실입니다. 안정복에게 십분의 일로 줄여도 상관없다고 허락한 것 또한 사실입니다. 그렇다고 해서 안정복이 『성호사설』을 곧바로 선생 스스로 "쓸데없는 말이라는 것을 확정 지은 것"이라고 단정하는 건 아무래도 좀 지나쳐 보이지요. 성호 선생이 쓸데없는 말이라는 표현을 쓴 건 겸사로 보는 게 옳겠고 십분의 일로 줄여도 좋다고 허락한 건(안정복은 이 또한 "모두 삭제하고 조금만 남겨 둠"으로 의미를 조금 바꿔 표현했지요) 제자와 학문을 대하는 성호 선생의 열린 태도를 보여 준다고 파악하는 게 더 옳은 관점으로 보이기 때문입니다. 성호 선생이 『성호사설』을 모두 삭제해도 좋을, 마냥 쓸데없는 말로 여기지 않았다는 건 서문의 마지막 부분에도 드러납니다.

거름과 지푸라기는 지극히 천한 물건이다. 그렇기는 해도 거름을 밭에다 뿌리면 아름다운 곡식이 나오고, 지푸라기를 아궁이에 넣고 불을 때면 아름다운 반찬이 탄생한다. 이 글을 제대로 보고 채택한다면 어찌 백에 하나라도 쓸 만한 것이 없겠는가?

신채호에 따르면, 우리나라 책 중 후세에 전할 만한 것이 몇 가지나 되느냐는 질문에 성호 선생은『동의보감』,『성학집요』,『반계수록』을 꼽은 후 마지막으로『성호사설』을 들었습니다.*『성호사설』에 대한 자긍심을 확인할 수 있는 부분입니다.

　　물론 안정복에게도 안정복의 입장이 있었겠지요. 성호 선생이 세상을 떠난 후 성호학파는 보수성이 강한 우파와 혁신성을 내세우는 좌파로 분열되는 양상을 보였습니다. 사실 이러한 분열은 자득自得을 강조한 성호 선생의 학문관에서 볼 때 자연스러운 현상이기도 했습니다. 그러나 안정복은 성호 선생보다 보수적인 사람이었고 좌파가 서학에 지나치게 관심을 보이는 것도 영 마음에 들어 하지 않았습니다. 그는 사문난적이라는 칼을 전가의 보도인 양 마구 휘두르는 노론의 무자비한 공격에 맞서기 위해 분열보다는 통합이 필요하다고 여겼습니다.『성호사설』을 성호 선생의 본의가 아니라고 평가한 것도 그렇기 때문입니다. 안정복은 성호 선생을 세상의 온갖 자잘한 일에 관심을 둔 박식한 학자가 아니라 정통 유교의 이념을 계승한 학자, 즉 이황의 학맥을 이어받은 남인의 종주로 자리매김하려 했던 것이지요.

---

* 신채호,『역사논설집』(담총 제1354호)(정해렴 편역,『성호사설정선』(현대실학사, 1998) 상권 3쪽에서 재인용).

그러나 이제 조선은 멸망했고 유학은 소수의 학문으로 전락했습니다. 시대가 바뀌어도 한참 바뀐 것이지요. 오늘날 우리의 관점에서 볼 때 『성호사설』의 구성은 오히려 현대적이며 혁신적으로 다가옵니다. 특정한 틀을 두지 않고 글의 성격에 맞는 자유로운 글쓰기 방법을 채택함으로써 성호 선생은 단 몇 문장만으로 자기 생각을 마음껏 펼칠 수 있었습니다. 요즈음 식으로 말하자면 마치 트위터를 읽는 느낌마저 든다고나 할까요? 단점이 오히려 장점으로 바뀐 셈이지요. 『성호사설』 글쓰기에 대한 강명관과 유초하의 평가에 동의하는 이유이기도 합니다.

『성호사설』의 글 전체가 특정한 주제를 놓고 쓰인 것은 아니다. 이 때문에 제자 안정복은 중복되는 것을 가려내고 보다 중요한 1,332편을 추려 『성호사설유선』으로 편집했다. 뒷날 정약용은 『성호사설』의 비체계성을 흠으로 잡았지만, 나는 이것을 도리어 장처長處로 보고 싶다. 한 편의 정제된 저작은 수많은 부분을 배제함으로써 가능한 것이 아니던가. 이런 점에서 볼 때 『성호사설』은 저자가 하고 싶은 이야기를 마음대로 할 수 있는 장점이 있는 것이다.**

** 강명관, 『성호, 세상을 논하다』(자음과모음, 2011), 11쪽.

얼핏 보면 자질구레한 이야기 3천 항목을 모아 놓은 것 같지만, 인간, 사회, 자연에 관한 다층적 분류가 가능한 백과사전이다. (……) '질서'보다 오히려 의도적, 직접적으로 나름의 체계를 갖춘 작품이다.*

"두루 살펴보기가 힘이 들어 부문으로 나누었고, 마침내 여러 권의 책으로 정리하기에 이르렀다"라는 서문의 글을 다시 떠올려 보기 바랍니다. 저는 이 말을 뒤집어, 분류는 그저 분류일 뿐이니 마음이 가는 대로 읽는 것도 좋다는 의미라고 해석하고 싶습니다. 그렇기에 『성호사설』을 읽게 하려는, 무척이나 전통적이고 교훈적인 의도로 탄생한 이 책 또한 성호 선생의 뜻을 따르는 방향으로 써 나가고자 합니다.

무슨 말인가 하면 특정한 주제로 한 장을 시작하되, 내용에 따라 혹은 의식의 흐름(?)에 따라 다른 주제로 이리저리 건너뛰는 방식을 채택하겠다는 것입니다. 조금 무리해서 말하자면 항목 간의 연관성보다는 성호 선생의 마음을 따라가려 노력하겠다는 것입니다. 해설도 최대한 줄이려고 합니다. 성호 선생의 글은 차근차근 읽어 나가면 대부분 이해할 수 있으니까요. 저같이 부족한 사람이 하기에 쉬운 일이 아니라는 건 잘 압니다. 잘되리라는 보장은 전혀 없지요, 하지

* 유초하, 「성호질서에 나타난 이익의 사상」, 『국역 성호질서』
(한림대출판부, 1999)(함영대, 「성호사설을 읽는 몇 가지 시각」,
『성호학보』, 16–17호(성호기념관, 2015) 332쪽에서 재인용).

만 다른 식의 방법은 어쩐지 잘 떠오르지 않습니다.

2

미식가

　『성호사설』을 읽는 재미 중 하나는 곳곳에서 성호 선생의 인간적인 면모를 진하게 느낄 수 있다는 점입니다. 소소하고 자잘한 이야기 모음집인 사설 장르의 또 다른 매력이지요. 성호 선생이 음식에 무척 관심이 많은 사람이었다는 사실은 그중에서도 눈여겨볼 만합니다. 우리 고전 중에 음식 이야기가 많기로는 『성호사설』이 1, 2위를 다투리라 감히 짐작해봅니다(유배지에서 입맛을 다시며 쓴 허균의 『도문대작』屠門大嚼은 전체가 음식 이야기이지만 이는 특별한 경우이므로 순위에서 제외해야 마땅합니다!). 2장의 제목으로 미식가라는 제목을 붙인 이유입니다. 성호 선생의 평소 식습관에 대해 잘 알려 주는 글을 한 편 보겠습니다. 수제자 안정복이 성호 선생을 처음 찾아갔을 때의 일화입니다(참고로 두 사람은 평생 네 번밖에 만나지 않았습니다. 이 또한 꽤 특이하지요).

선생이 먼저 진지를 들기 시작한 후에 나도 식사를 시작했다. 밥은 그릇에 차지 않았으며, 반찬은 흰 사기 접시에 담긴 새우젓 조금, 나박김치와 박국이었다. 맛이 모두 짰다. 아하, 나는 절약의 뜻을 깨달았다. 상과 그릇은 모두 깨끗했다. 물도 나에게 먼저 올리고 상을 물리는 순서도 역시 그랬으니, 모두 손님과 주인의 예로 한 것이다. 선생이 웃으며 말했다.

"우리 집이 가난해서 반찬이 초라하다네. 맛이 워낙 거칠다 보니 더러는 손님이 반찬을 직접 가져와 먹기도 한다네."

—「함장록」

화려한(?) 음식 목록으로 볼 때 성호 선생이 처음 만난 안정복에게 대접하기 위해 따로 음식 준비를 하지 않은 것은 분명합니다. 이날 나온 음식은 오늘날 우리의 관점에서 소박하기보다 부실해 보입니다. 절반만 담긴 밥, 새우젓, 나박김치, 박국이 전부입니다. 나박김치는 배추와 무로 담근 물김

치입니다. 박국은 박을 넣고 끓인 국입니다. 한 번도 먹어 본 적이 없는 음식이라 인터넷을 찾아보니 여름에는 무가 맛이 없어 무 대신 박을 넣었다고 하네요. 그러니까 뭇국과 크게 다르지는 않은 모양입니다. 찍어 먹을 고기도 없는데 새우젓은 왜 나왔는지 잘 모르겠습니다. 우리는 새우젓을 독립된 반찬으로 취급하지 않으니까요. 새우젓을 제외하면 모두 다 채소 종류이니 건강식으로 보이기는 합니다. 그러나 이 밥상에는 안정복이 고백했듯 한 가지 결정적인 단점이 있었습니다. 음식 간이 하나같이 무척 짰다는 것!

평소 습관대로 무심코 국부터 한 숟가락 떠서 입에 넣었을 안정복은 아마도 깜짝 놀랐겠지요. 서둘러 나박김치를 떠서 먹어 보았지만 역시 소금 국물이었습니다. 안정복은 얼굴에 표정을 드러내지 않으려 노력하면서 음식 맛이 먹기 힘들 정도로 짠 이유를 곰곰 생각했습니다. 똑똑한 사람이라 곧바로 성호 선생 밥상의 비밀을 알아챘습니다. 그렇습니다. 밥상은 그 자체로 살아 있는 한 권의 책이었던 겁니다. 그 책은 이렇게 말합니다. '맛도 없고 짜기만 하니 한 번에 많이 먹지 마라.' 안정복의 마음을 읽은 성호 선생이 아예 한술 더 떠서 제법 자랑스럽게 선포합니다.

선비라면 당연히 가난하게 사는 것을 법도로 삼아야 한다. '나물을 씹을 수 있다면 못 할 일이 없다'라는 말은 그 뜻이 무척 좋다. 일상생활 중에서 먹는 것보다 더 중요한 일은 없는 법, 가장 중요한 일에서 먼저 자신의 사욕을 이기는 공부를 오래 해 나가 습관으로 만든다면 본성과 같이 편안해질 것이다. ─「함장록」

어떻습니까? 이것이야말로 진정한 밥상머리 교육이지 않습니까? 방법이 조금 과격하기는 하지만 의도는 명확하고 순수합니다. 줄줄이 옳은 말이기도 하고요. 성호 선생이 어떤 사람인지 곧바로 알게 해 주는 말이지요. 대학자의 말치고 전혀 어렵지도 않습니다. 선비가 가난한 것은 당연지사, 가난한 자는 가진 게 없는 존재이므로 욕구를 절제해야 살아남을 수 있다는 겁니다. 사람에게 가장 중요한 욕구는 먹는 것, 그러므로 밥상부터 욕심을 줄이는 게 바로 선비의 공부라는 의미입니다. "밥이 세 숟가락 남으면 물에 말아서 밥알 하나도 남기지 않았다"라는 『성호선생언행록』의 기록*을 보면 뒤처리도 철저했음을 알 수 있습니다! 성호 선생이 쓴 「밥상 앞에서」라는 제목의 시를 일부분 인용합니다.

* 이삼환 지음, 허호구 옮김, 앞의 책, 46쪽.

음식을 먹을 때는 예가 있으니 그 원리 하늘에서 나왔다
무슨 상관이냐고? 모르는 말씀, 나태하면 곧바로 허물이 생
긴다

큰 띠 두르고 두건을 쓴 채 무릎을 꿇고 앉아 몸을 세우고
오로지 먹는 일에만 전념하면 그 또한 훌륭한 마음의 공부

수북이 담긴 한 그릇 밥, 소반 위 술잔의 한 잔 술
먹고 마시며 감탄하지만, 그 과정 꼭 살펴야 한다

농사를 짓는 일은 손 많이 가고, 불 때며 밥하는 것 고생스
럽다
먹으면서 두려워할 줄 안다면 어찌 감히 배를 채우길 바라
겠는가?   ―「밥상 앞에서」

성호 선생의 밥상에 대해 조금 더 살펴봅시다. 「씀바귀
는 엿처럼 달콤하다」라는 제목의 글입니다. 『성호사설』에는
재미있는 제목의 글이 참 많습니다. 제목만 쭉 살펴보며 그
의미를 따져 보는 것도 『성호사설』을 읽는 한 가지 좋은 방
법이라고 생각합니다.

나는 가난을 잘 견딘다. 고기 종류가 밥상에 오르는 일은 드물지만, 큰 문제는 없다. 채소밭 한 이랑을 잘 갈아 직접 호박을 심는다. 노랗게 익으면 따서 보관해 두었다가, 추운 겨울이 다가오면 삶아서 국을 끓인 후 밥을 말아 먹는다. 그 맛이 어찌나 달콤한지 곰국이나 양즙의 아름다움을 훌쩍 뛰어넘는다.

콩 중에 빛이 누르면서 붉고 겉이 부드러운 종류가 있다. 쌀 분량의 오분의 일만큼 섞어서 밥을 지으면 역시 맛이 기막히다. 다른 반찬 없어도 밥 한 사발을 다 비우게 된다. 그러므로 호박과 콩 또한 엿처럼 달콤하다고 말할 수 있는 것이다.   —「씀바귀는 엿처럼 달콤하다」

성호 선생은 호박국과 콩밥을 열렬히 찬양합니다. 호박을 직접 길렀다는 언급과 음식을 먹는 시기 그리고 구체적인 조리법과 맛까지 적은 것으로 보아 성호 선생이 이들 음식을 자주 먹었다는 사실은 의심할 바 없습니다. 성호 선생 밥상의 숨은 비밀 한 가지를 공개합니다. 사실 성호 선생은 소문난 콩 마니아였습니다. 그런 까닭에 『성호사설』에는 콩밥, 콩죽, 콩나물, 두부 등 유독 콩으로 만든 음식이 많이 등장합니다. '半菽啜菽'(반숙철숙)이라는 제목의 글부터 살펴보겠습니다. '半菽'(반숙)은 쌀과 콩이 반반이라는 뜻이며, '啜菽'(철숙)은 콩죽을 마신다는 뜻입니다. '반숙철숙'이라는 글은 콩밥과 콩죽의 황홀한(?) 맛을 자랑하지요. 제목을 '콩밥과 콩죽의 황홀한 맛'으로 옮길 수 있겠습니다.

나는 가난에는 도가 튼 사람이다. 어느 날 품질 좋은 콩을 찾아 헤매던 중 색깔은 붉고 씨알은 굵으며 껍질은 부드러운 콩을 얻었다. 쌀에 섞어 밥을 지었더니 쌀밥보다 훨씬 달았다. 이거 놀라운걸! 나는 콩밥 찬양가를 지어 가난한 식구들에게 자랑했다. 콩 탐사를 계속하던 나는 나중에 검은 점이 박힌 콩, 푸른 콩, 희고 누르스름한 콩을 얻었다. 씨알의 굵기가 보통 이상인 것이 처음 얻었던 붉은 콩과 비슷했는데 껍질이 얇은 흰색 콩은 그중에서도 최고로, 익으면 쩍쩍 벌어졌다. 이들 콩 덕분에 항아리의 곡식이 절약되었다.

붉은 콩에는 불콩, 검은 점박이에는 얼룩콩, 푸른 콩에는 파랑콩, 흰색 콩에는 점콩이라는 이름을 붙였다. '점'點이란 꿀빛이 나는 갈색이다. 나는 다음과 같이 말했다. "콩으로 죽을 쑤는 것은 경전에도 나와 있다. 공자께서 일찍이 자로에게 '콩을 마시고 물을 마시더라도 그 즐거움을 극진히 하는 것을 효라 이른다'라고 말씀하신 바 있다. 묽은 죽이 아니라면 어떻게 마실 수가 있었겠는가?"

—「콩밥과 콩죽의 황홀한 맛」

여러 가지 종류의 콩을 구해다가 각각 따로 밥을 지은 후 지긋하게 눈을 감고 맛을 비교해 보는 성호 선생의 모습이 눈에 선합니다. 자득, 즉 스스로 깨닫는 것을 그 무엇보다 중요하게 여긴 선생의 공부법이 콩 하나를 고르는 데에서도 잘 드러납니다. 콩죽과 효의 관계를 말한 『논어』 구절을 콩 마니아인 성호 선생보다 더 잘 이해한 사람은 없겠지요. 다음 글에서는 콩으로 만들 수 있는 여러 가지 음식과 조리법이 한꺼번에 등장합니다. 서술의 구체성으로 볼 때 성호 선생의 체험에서 나온 글이 분명합니다.

콩을 맷돌에 갈아 진한 국물만 취해 두부를 만들면 찌꺼기가 많이 남는다. 끓여서 국으로 먹으면 구수한 맛이 먹음직하다. 싹을 내서 콩나물로 만들면 마술처럼 분량이 몇 배로 늘어난다. 가난한 자는 콩을 갈고 콩나물을 썬 뒤 합쳐서 죽을 만들어 먹으면 풍족히 배를 채울 수 있다. —「콩」

성호 선생은 좋은 건 함께하자는 주의였습니다. 콩의 미덕에 푹 빠진 성호 선생은 일가친척을 소집해 콩으로 만든 음식을 먹는 모임까지 만들었습니다. 삼두회三豆會입니다. '콩 셋 모임'이라는 소박한 이름 그대로, 나온 음식은 누렁콩으로 쑨 죽, 콩나물 김치, 콩으로 만든 장, 이렇게 세 가지뿐이었습니다. "어른과 아이 모두 다 모여서 배불리 먹고 돌아갔다"(「삼두회시 서문」)는 기록으로 볼 때 참가자의 만족도는 제법 높았던 것으로 보입니다. 물론 성호 선생의 관점이라는 건 참작해야겠지요!

성호 선생의 콩 사랑은 『곽우록』藿憂錄이라는 책의 제목에서도 잘 나타납니다. '藿憂'(곽우)란 콩을 먹는 사람의 걱정이라는 뜻입니다. 높은 벼슬자리를 차지하고 앉아서 국가 정책을 좌지우지하는 '고기 먹는 사람'에 대비되는 '콩을 먹는 사람'의 걱정, 즉 벼슬하지 않은 선비가 민간에서 하는 걱정이라는 의미이지요. 사회 전반에 대한 개혁론이 실려 있는데 『성호사설』보다는 앞선 시기 성호 선생의 사상을 읽을 수 있는 책입니다.

2장의 제목이 미식가인데 미쉐린 수준의 미식과는 전혀 관계없는 궁상맞은 내용만 줄줄이 등장한다고 불만스러울지도 모르겠습니다. 오해할까 싶어 확실히 하고 넘어가자면 성호 선생은 분명히 미식가입니다. 콩의 종류를 정확히 구분하고 세밀한 조리법까지 알고 있다는 점에서 의심의 여지가 없습니다. 무엇보다도 다음의 글이 가장 강력한 증거이지요.

나는 밤에 앉아 있어도 배고픈 줄을 전혀 몰랐다. 어느 날 손님이 와서 반찬 한 통을 선물로 주고 돌아갔다. 반찬은 늘 좋은 것을 먹어야 한다는 뜻을 받아들여 그것을 다 먹었다. 과연 맛이 훌륭했다. 그런데 그 뒤로는 반찬 생각을 도무지 멈출 수가 없어 계속해서 다른 좋은 반찬을 구해 먹어야 했다.　　　　　　　　　　－「검약의 길로 입문하기란 어렵다」

무슨 뜻입니까? 성호 선생이 맛있는 반찬과 그렇지 않은 반찬을 정확히 구분할 수 있는 뛰어난 입맛을 지닌 미식가였다는 겁니다. 한번 맛본 맛있는 반찬을 잊지 못해 계속해서 구해 먹어야 하는 예민한 미각을 지닌 사람이었다는 것이죠. 그렇다면 다음의 질문이 떠올라야 할 겁니다. 뛰어난 입맛과 예민한 미각의 소유자인 성호 선생은 왜 미식가의 길을 포기하고 조금은 궁상맞아 보이는 콩 마니아가 된 걸까요? 어려운 질문은 아닙니다. 사실 우리는 이미 그 답을 알고 있습니다. 콩을 예찬한 글의 도입부를 다시 살펴보겠습니다.

"나는 가난을 잘 견딘다."(「씀바귀는 엿처럼 달콤하다」), "나는 가난에는 도가 튼 사람이다."(「콩밥과 콩죽의 황홀한 맛」)

그렇습니다. 문제는 바로 가난이었던 겁니다. 성호 선생은 입맛은 타고났으나 원하는 음식을 다 구해서 먹을 수는 없는 가난한 선비였던 겁니다. 그렇다면 어느 정도 가난했을까요? 성호 선생은 자신이 누리는 세 가지 즐거움으로 전쟁 없는 세상에 태어나 시골에서 사는 것, 춥지도 덥지도 않은 지역에서 생활하는 것, 남들은 일 년 내내 부지런히 움직여도 먹고살기 힘든데 조상의 음덕으로 편하게 지내며 굶주림을 면하는 것을 들고 있습니다(「세 가지 즐거움」). 현실에 만족하고 사는 성호 선생의 소박한 인생관을 읽을 수 있는 부분이지요.

조상의 음덕으로 편하게 지내면서 굶주림을 면한다는 서술을 통해 성호 선생이 부유하지는 않아도 당장 끼니를 걱정해야 할 정도로 가난한 선비는 아니었다는 사실을 확인할 수 있습니다. 하지만 말년에는 가세가 완전히 기울었다는 이야기도 여러 군데 전합니다. 『성호사설』에 만년의 기록이 많은 만큼 최악은 아니어도 대체로 어려웠다고 보는 게 사실에 가깝겠습니다. 그런데 성호 선생이 콩 마니아가 된 데에는 가난 말고도 또 다른 이유가 있으니 바로 부끄러움입니다.

나는 천성이 글을 좋아해 종일 공부한다며 버티고 앉아서 끙끙거린다. 그러나 솔직히 말해 한 올의 베나 한 알의 쌀도 내 힘으로 마련한 적이 없다. 그러니 어찌 천지 사이의 한 마리 좀이 아니겠는가? 조상의 음덕으로 몇 섬 몇 말을 받고 있을 뿐이니 식량을 절약하여 많이 먹지 않는 것을 나라를 위한 방책으로 삼는다.

한 그릇에서 한 홉의 쌀을 덜어 내는 걸 남들은 아무 소득 없는 한심한 행동이라 비웃을지 모른다. 하지만 하루 두 그릇이면 두 홉이 되고, 한 집에 열 식구라면 두 되가 되고, 한 고을에 일만 가구가 있다면 이천 말의 많은 식량을 저축할 수 있다. ─「적게 먹는 것」

성호 선생은 종일 책상 앞에 앉아 책만 붙잡고 있는 선비인 자신을 천지 사이의 한 마리 좀으로 규정합니다. 겸손한 표현이 아닙니다. 성호 선생의 논리는 명확하고 입장은 단호합니다. 성호 선생을 비롯한 조선 후기를 살았던 선비 대부분은 생산자가 아니라는 겁니다. 한 올의 베나 한 알의 쌀도 자기 힘으로 만들어 내지 못하기 때문이지요. 옛날의 선비는 달랐다고 말합니다. 그들은 도를 논했으며 법을 만들고 제도를 정비하는 등 세상에 이익을 주는 행동을 통해 정당하게 먹을 권리를 획득했지만, 출사하지도 않은 채 놀고먹는 자신은, 그리고 백성이 어려운 시대에 사는 선비는 세상에 어떤 실질적인 도움도 주지 못하므로 한 끼 밥을 배불리 먹는 것조차 부끄럽다는 뜻입니다. 아예 안 먹으면 가장 좋겠지만 사람이 먹지 않고 살 수는 없는 법, 그러니 조금이라도 덜 먹음으로써 세상에 작은 도움이나마 주고 싶다는 것이지요. 안정복이 밥을 반 공기만 받은 비밀이 바로 여기에 있습니다. 성호 선생보다는 뒷세대 사람이나 가난하기로는 더 윗길이었던 선비 이덕무는 성호 선생의 이 글을 읽고 무릎을 치며 감탄했습니다.

나는 원래부터 가난한 처지인데 몸 또한 약해 빠졌다. 먹는 양 또한 무척 적은 데다가 천성이 근검절약에 익숙하다. 언제나 분수를 알아 누리는 복을 아끼고 먹는 것을 절제하여 건강을 유지하려 노력한다. 송나라 황정견의 식시오관食時五觀과 『성호사설』의 의론을 좋아해 지금 여기에 기록한다.

—「먹는 데 대한 경계」

'식시오관'은 밥 먹기 전에 가져야 할 다섯 가지 마음가

짐입니다. 밥이 완성되는 과정을 헤아리고, 자신의 덕행을 돌아보고, 욕심을 절제하고, 밥을 약으로 여기고, 도덕을 완성하는 마음가짐을 가져야 밥 한 그릇을 먹을 자격이 있다는 것입니다. 다시 『성호사설』로 돌아가면, 성호 선생은 가난하다는 현실 자체는 전혀 부끄러워하지 않습니다. 출사도 하지 않고 아무것도 생산하지 못하는 선비의 가난은 오히려 지극히 당연하다는 견해입니다. 이 또한 말이 쉽지 가난에 의연하기란 자기 수양에 많은 시간을 쏟은 선비에게도 결코 쉬운 일이 아닙니다. 선비 또한 사람인지라 가난하면 자신도 모르게 주눅이 들고 주위의 눈을 의식하게 됩니다.

선비에게 가난은 당연하다. 선비란 벼슬이 없는 자를 부르는 이름이니 어떻게 가난하지 않을 수 있겠는가? (……) 가난한 선비는 친구에게 버림받는 건 물론이고 집안 식구 또한 괄시하게 마련이다. 그런 일을 자주 당하다 보면 마음이 옹졸해진다. 그러므로 가난하면 반드시 뜻을 잃는데, 이는 가난이 선비의 일상임을 알지 못한 데서 오는 것이다.
　　　　　　　　　　　　　－「선비가 가난한 건 지극히 당연하다」

성호 선생 역시 부유와 거리가 먼 생활을 했기에 가난한 선비가 겪는 고민을 모르지 않았습니다. 가난하면 친구도 줄어들고, 집안 식구도 눈총을 주지요. 한두 번은 의연하게 대처할 수 있지만, 자꾸 그러다 보면 마음은 아무래도 움츠러들기 마련입니다. 「허생전」의 허생이 왜 십 년 공부를 중지하고 돈을 벌러 나갔는지 생각해 보십시오. 성호 선생은 사정이 그렇더라도 선비가 가난에 굴복해서는 절대 안 된다고 거듭 주장합니다. 성호 선생이 이토록 목소리를 높이는 건 선비란 어떤 사람인가에 대한 확고한 신념이 있기 때문입니다.

이익이라는 건 모든 사람이 다 같이 바란다. 이익은 하나이나 엿보고 노리는 사람은 수없이 많다. 만약 그 이익을 내가 움켜쥐고 양보하지 않는다면 어떻게 될까? 다른 많은 이가 바라기만 하고 얻지 못하게 될 것이다. 그런데 하늘이 처음부터 오직 나를 위하여 이익을 베푼 걸까? 그렇지는 않으리라. 그런데 그 이익이 나에게는 있고 남에게는 없다면? 반드시 해가 된다고 나는 생각한다.

―「이익과 손해는 부자가 사랑하는
마음과 어떤 관계가 있는가」

성호 선생은 부자로 살면서 인仁, 즉 널리 사랑하는 마음을 갖추기는 불가능하다고 말합니다. 자신을 이롭게 하는 일에 힘을 쏟다 보면 그 과정에서 좋건 싫건 반드시 남을 해치게 되기 때문이지요. 세상의 이익이란 한정되어 있습니다. 나에게 있으면 남에게는 없는 게 이익의 속성입니다.

성호 선생은 묻습니다. 이럴 때 선비는 과연 어떠한 자세를 취해야 하겠느냐고요. 답은 명확합니다. 다 같이 잘살 수 있는 세상이면 몰라도 누구는 부자가 되고 누구는 가난뱅이가 되어야 하는 세상이면 선비는 기꺼이 가난을 택하는 사람이 되어야 한다는 게 성호 선생의 생각입니다. 물론 다 같이 잘사는 세상이 가능하다면 얼마나 좋겠습니까? 그렇다면 선비 또한 굳이 가난을 스스로 택할 필요가 없겠지요. 『성호사설』에는 성호 선생이 바라는 세상에 대한 꿈이 자주 등장합니다. 그중 하나를 살펴봅시다.

두보의 시에 "귀한 것이 없으면 천한 것도 슬프게 여기지 않을 것이고, 부유한 자가 없으면 가난한 자도 스스로 만족할 것이다"라는 구절이 있다. 세상 사람 모두가 비천하고 가난하다면 부지런하고 검소하게 사는 게 뭐가 어렵겠는가? 새와 짐승이 날마다 부지런히 밖으로 나가서 먹이를 찾는 것과 똑같을 테니.　　　　　　　－「백성은 먼 앞날을 염려한다」

성호 선생의 꿈은 사실 다 같이 잘사는 세상보다 부유한 자가 존재하지 않는 세상에 더 가깝습니다. 모두가 다 가난하면 새와 짐승처럼 먹이를 찾아 하루하루를 열심히 보내리라는 것입니다. 아름답고 소박하지만, 맹목적으로 이익을 추구하고 남보다 많이 가지려는 인간의 자본주의적 본성에 비추어 보면 이루어지기 어려운 꿈이지요. 꿈은 꿈입니다. 꿈도 참 많이 꾸지만, 현실 역시 잘 아는 성호 선생은 부자와 가난한 자가 존재할 수밖에 없는 상황 자체를 어느 정도 인정합니다.

성호 선생이 받아들이기 힘든 건 부자의 지나친 소비 생활입니다. 부자는 한정된 이익을 혼자서 과하게 많이 가진 사람이니 양심이라는 게 있다면 덜 가진 자에게 조금이라도 베풀어야 하겠지요. 나름의 사정으로 그렇게까지 하기가 힘들다면 가난한 자의 심정을 생각해 최소한 부자인 티라도 내지 말아야 하는데 현실은 과연 어떻습니까?

부자는 다른 나라에서 나는 얻기 어려운 물품에 눈이 확 쏠린다. 귀한 금과 은으로 좋은 음식, 아름다운 의복. 이상한 장신구, 화려한 그림 따위를 마구 사들인다. 외국으로 나간

금과 은은 되돌아오지 않으며 국내로 들어온 쓸데없는 물건은 쉽게 떨어지니 나라가 가난하지 않을 도리가 없다.

—「금은」

부자의 과시형 소비는 예나 지금이나 다를 게 없습니다. 남이 가지지 않은 신기한 물건, 쓸모와 무관한, 오직 남에게 보이고 자랑하기 위한 용도로만 기능하는 사치품을 구할 수만 있다면 거금도 아끼지 않습니다. 부의 사회 환원은 고사하고 가난한 자의 심정 따위 아랑곳하지 않습니다. 그 과정에서 금과 은이 마구 유출되어 나라의 살림 또한 거덜이 납니다. 성호 선생의 염려가 단순한 염려가 아니었음은 사료에도 잘 나타납니다. 1727년 11월 11일 자 『승정원일기』에 따르면, 1711년 호조의 은 보유량은 20만 냥이었는데, 1724년에는 11만 냥, 1727년에는 5만 냥으로 크게 줄었습니다.

우리나라는 은광이 적어서 해마다 들어오는 것이 700−800냥에 지나지 않으니 이것으로는 대어 쓸 도리가 없습니다. 신묘년(1711년, 숙종37)에는 은이 20여만 냥이 있었고, 갑진년(1724년, 경종4)에는 11만 냥이 있었으나 지금은 5만 냥도 점점 소모되어 머지않아 틀림없이 다 없어질 것입니다. 이래

서야 장차 무엇으로 나라를 다스리겠습니까?

영의정 이광좌는 무역에 쓰이는 은 지급량을 엄격하게 제한해야 한다고 주장하기도 했습니다. 왜관을 통해 들어오던 은의 양이 줄어드는 등의 외부 요인도 있었지만, 중국과의 교역에서 지나치게 많은 물품, 그것도 실생활과 무관한 사치품을 선호하는 경향도 무시하기는 어려웠던 것입니다.

부자의 과시형 소비가 문제인 이유 중 하나는 가난한 자도 부자처럼 행동하고 싶어 하기 때문입니다. 부자의 소비를 따라 하며 각박한 현실에서 잠깐이라도 초월한 듯한 기쁨을 맛보고 싶어 하기 때문입니다. 그러나 뱁새가 어찌 황새를 따라가겠습니까? 가난한 자는 그저 흉내만 내다가 몰락할 뿐입니다. 성호 선생은 과시만 하고 책임은 지지 않는 부자에 대해 "저 귀하고 부유한 집안에서 호강만 받고 큰 자식들이야 어떻게 이런 사정을 알겠는가?"(「사치스러운 풍속」) 하고 탄식합니다. 그런 성호 선생이었기에 만경현감으로 부임한 아들 맹휴가 주위의 눈이 있으니 자신의 밥상에 반찬 한두 가지를 추가해도 되겠느냐고 진지하게 물어오자 다음과 같이 일갈했던 것입니다.

한번 현의 수령이 되자 단번에 이전과 다르게 생활하겠다는 것이냐? 검소에서 사치로 들어가기는 쉬운 법, 평상시의 생활에서 조금도 변함이 없어야 한다.*

자신의 밥상 차림에 대해 편지를 보내 물어보는 아들 맹휴도, 안 된다고 단호하게 말하는 성호 선생도 참 대단합니다. 부자의 사치 풍조에 근심하는 성호 선생은 또 한 편의 꿈과 같은 글을 통해 자신의 바람을 내보입니다.

문정공 유관은 우리나라의 이름난 재상이다. 청렴결백하고 검소하여 거처하는 집이 바람과 비를 막지 못했다. 한 달 넘도록 장마가 계속되어 집안 곳곳에 비가 주룩주룩 새던 어느 날의 일이다. 공이 우산을 펼쳐 들고 부인에게 물었다. "우산 없는 집은 어떻게 견딜까?" 우산 없는 자는 반드시 다른 준비를 해 놓았을 것이라는 부인의 대답에 공이 빙그레 웃었다고 한다.
세상 사람이 이를 이야깃거리로 삼아 공의 검소를 찬양하는 동시에 세상 물정에 어두운 것을 비웃는다. 내 생각은 다르다. 공의 말에는 남보다 뛰어난 점이 두 가지 있다. 비가 아직 다 내리지 않았다는 인식이 그 하나이고, 백성을 다 구제하지 못했다는 자책이 다른 하나이다. 가난한 백성이 공에게 감탄한 이유이다.

자기의 괴로움으로 남의 어려움을 염려하는 건 두보의 "광하천만간"廣廈千萬間의 정신과 상통한다. 우산 없는 사람에 대한 걱정은 천하의 백성을 염려하고 도우려는 뜻이다.

　　　　　　　　　　　　　　　　─「유관이 우산을 손에 들고 했던 걱정」

유관의 우산 일화는 성호 선생이 말했듯 세상 물정에 어리숙한 선비를 풍자하는 쪽으로 소비되어 왔습니다. 그렇지만 성호 선생은 이 오래되고 통속적인 일화를 자신만의 관점으로 새로 읽습니다. 가난한 유관이 세상 사람의 어려움을 언급한 사실에 주목한 것입니다. 유관은 재상치고는 드물게 비가 새는 집에서 살았습니다. 유관은 부끄러워하지 않았습니다. 백성의 삶은 더 가난했기 때문입니다. 백성에게 비가 새는 집은 그리 특별한 것도 아니었습니다.

"비가 아직 다 내리지 않았다"라는 표현에 주목해야 합니다. 백성의 가난은 현재 진행형이며 앞으로도 계속될 것이라는 뜻입니다. 두보의 "광하천만간"이라는 표현도 무척 아름답습니다. '광하천만간'은 '어떻게 하면 천만 칸 넓은 집을 얻어서, 천하의 가난한 선비를 보호하며 모두 환하게 웃게 할 수 있을까?'라는 「모옥위추풍소파가」茅屋爲秋風所破歌의 시구에서 유래한다고 합니다. 선비란, 그리고 벼슬하는 관리란 자신이 아닌 세상 모든 이의 즐거움을 위해 살아야 한다는 뜻입니다. 우리가 사는 이 나라의 정치가가 과연 두보나 유관보다 나은 생각을 하고 있느냐고 묻는다면 그렇다고 대답하는 이는 단 한 명도 없을 것입니다! 그러나 아쉽게도 유관은 현실보다는 이상에 가까운 인물입니다. 우리 시대의 저열한 정치가에게 유관처럼 살아라 하고 말하기에는 유관이 너무 고품격의 신선 같은 인물입니다. 그렇기에 성호 선생은 더 현실적인(?) 대책을 내놓습니다.

예나 지금이나 사치에서 생기는 폐단은 똑같다. 이런 폐단을 막기 위해서는 임금이 먼저 검소하게 사는 미덕을 백성에게 보여야 한다. 귀한 자와 부유한 자의 사치를 막고 정해진 제도를 넘어서는 자에게는 벌을 주어야 한다. 상벌을 공정하게 하는 데 요령이 있을 뿐이니 그중 검소한 자를 가려서 벼슬로 상을 주고, 사치한 자를 뽑아 없애 버리면 몇 해 안 가서 풍습이 바로잡힐 것이다.

　　　　　　　　　　　　―「부자의 짓거리를 부러워하며 따라 하다」

물음표를 단 이유를 짐작하겠지요? 임금이 먼저 모범을 보이면 된다는 것입니다. 잘살면서도 검소한 이를 뽑아 상을 주고 유독 사치한 이를 골라 벌주면 몇 해 지나지 않아 풍습이 바로잡힌다는 것입니다. 성호 선생은 가끔 가다가 이런 글처럼 지나치게 이상적인 답안을 내놓습니다. 성호 선생도 어쩔 수 없는 조선 선비이기 때문이라고 생각합니다. 혹은 자조적인 농담일 수도 있겠고요. 그렇다면 다음과 같은 해결책은 어떻습니까?

시장이 열리면 신기한 노리개나 화려한 비단 따위가 거래되는 무역을 막을 수 없게 된다. 장단점을 비교해 보면 시장을 열지 않는 편이 훨씬 더 유리하다.

—「중강개시에 대한 생각」

곳곳에 빈터를 만들어 놓고 날마다 다투어 모여들어 아침에 나가서 밤이 어두워야 돌아오는 것이 근세의 풍습인데 이는 폐단이 참 많다. 시장을 같은 날 열고, 개장하는 시간도 일정하게 정하면 소소한 시장은 굳이 막지 않아도 저절로 없어져 걱정이 사라질 것이다.　　　　—「시장의 폐단」

중국과의 무역 통로인 중강개시中江開市에서 조선이 사들이는 건 노리개와 비단 같은 사치품이니 무역을 금해야 한다는 것입니다. 성호 선생의 눈에 해롭기는 시장 또한 마찬가지입니다. 여기저기서 시장이 교대로 열리니 시장 구경하느라 공부하고 일할 틈이 없다는 것입니다. 그러니 전국의 시장을 같은 날 열고 시간도 규제하자는 것입니다. 성호 선생은 비슷한 맥락에서 동전 사용도 금지해야 한다고 주장했습니다. 들고 다니기 쉬워서 유통에 편리한 동전이 사치를 조장한다고 믿었기 때문입니다(「곡식과 베가 많아야 부자다」).

무역과 시장 그리고 화폐 사용에 대한 부정적인 견해는 성호 선생을 상업에 전혀 관심이 없는 사람으로 평가하게 만듭니다. 후배 그룹인 북학파에 비해 전근대적이라는 말을 듣는 이유이기도 하지요. 학자들로부터 "완고하고 소박한 생각", "복고적이고 퇴영적인 성격" 등의 평가를 받은 이유이기도 합니다.*

그러나 우리는 『성호사설』을 읽고 있으니 조금은 편파적으로 성호 선생의 편에 서서 생각해 보는 것도 좋겠습니다. 사실 성호 선생이 무작정 시장과 무역을 반대한 건 아닙니다. 성호 선생은 꽤 여러 편의 글에서 시장의 역할을 긍정적으로 다루며, 상인과 수레 등의 가치를 어느 정도 인정합니다.

---

* 이헌창, 「성호의 안민부국론」, 『성호 이익 연구』(사람의 무늬, 2012), 249쪽.

세상에서 이용이 빈번하고 물자의 출입이 많기로 시장보다 중요한 곳은 없다. 시장이란 물자가 모여드는 곳이다. 존귀한 천자도 부는 물자에 의존하는 법이며, 국가의 성쇠와 인간의 죽고 삶 또한 모두 여기에 달려 있다.

—「태미와 천시」

물건을 운반하는 방법으로는 배가 제일 낫다. 배가 들어가지 못하는 곳에는 수레를 이용할 수밖에 없다. (……) 우리나라에서는 수레에 아무런 관심도 두지 않는데, 지형을 살펴 길 닦는 데에 힘을 쓴다면 험준한 몇 곳 말고는 길을 내지 못할 이치가 없다. —「곡식 운반법」

농사를 짓지 않는 자 중에 여섯 종류의 좀이 있는데 상인은 들어가지 않는다. (……) 상인은 사농공상 사민四民 중 하나로 통화의 이익을 가져온다. 유용한 물건은 상인 아니고는 운반할 수 없는 법이다. —「여섯 종류의 좀」

그렇기는 해도 성호 선생이 무역과 시장이 주는 경제 이익을 제대로 이해하지 못한 것은 틀림없는 사실입니다. 하지만 상업과 유통에 부정적이었다는 이유로 성호 선생을 비난할 수 있을까요? 한 가지 물어보겠습니다. 금융 자본주의의 시대를 사는 우리는 과연 그 복잡한 원리를 제대로 이해하고 있습니까? 얼마 전 『빅쇼트』라는 영화를 보았습니다. 영화는 재미있었지만 솔직해 말해 다 보고도 정확히 무슨 일이 일어난 것인지, 실제로 존재하지도 않는 거대 규모의 금융 자본이 어떻게 세상을 혼란에 빠뜨릴 수 있는지 그 과정을 명확하게 이해할 수 없었습니다.

'보이지 않는 손'이라는 표현으로 무역과 시장이 주는 이익을 설명한 애덤 스미스의 『국부론』이 출간된 것이 1776년입니다. 성호 선생이 세상을 떠나고 3년 후에 나왔다는 뜻입니다. 이러한 사정을 생각하면 경제 발전이 더디었고 서양 지식을 습득하기 어려웠던 환경 속에서도 무역과 시장의 원리를 어느 정도라도 이해했던 게 분명한 유수원과 박제가의 천재성을 칭찬해야지 성호 선생을 비난할 일은 아니라고 생각합니다.

사실 성호 선생의 생각은 소박하고 복고적이기는 해도 진심이 담겨 있습니다. 성호 선생이 살았던 시대는 사람의 숫자에 비해 필요한 물건의 생산 능력이 절대적으로 부족한 시대였습니다. '소비가 생산을 만든다'와 같은 자본주의적인 사고가 가능했던 상황이 아니었다는 뜻입니다. 그런 상황에서 성호 선생의 선택은 눈에 보이는 물건을 절약하고 또 절약하는 것이었지요. 성호 선생은 물론 말로만 주장하는 데 그치지 않았습니다. 자신의 삶 전체를 통해 절약하는 선비의 면모를 모두에게 보여 주었지요. 미식가 성호 선생의 밥상은 하나의 좋은 상징이겠습니다. 성호 선생이 꿈꾼, 또 다른 아름다운 생각도 역시 훌륭한 증거일 테고요.

살아가는 데 필요한 건 오직 책 한 상자, 거문고 하나, 붓과 벼루 하나, 신발 한 켤레, 베개 하나, 시원한 바람이 부는 마루 한 칸, 따뜻한 방 한 칸, 지팡이 하나, 나귀 한 마리뿐. 이것들만 있으면 노년의 하루하루를 보내기에 충분합니다.
　　　　　　　　　　　　　　　　　　 ─「사재 김정국의 미담」

사랑의 대가

성호 선생은 유학자입니다. 유학자 하면 공자 왈, 맹자 왈을 입에 달고 사는 차갑고 딱딱하고 완고하고 근엄한 이미지가 먼저 떠오르겠으나 성호 선생은 좀 달랐습니다. 조금 다른 게 아니라 아예 다른 부류였다고 말하는 게 정확하겠습니다. 성호 선생은 사랑이 넘치는 유학자였으니까요. 공자와 맹자도 무척 사랑했지만, 세상 모든 존재를 아낌없이 사랑한 특별한 유학자였으니까요.

배우는 사람이 와서 뵐 때 처음에는 엄격하여 가까이할 수 없을 것처럼 보였다. 그러나 앞에 나와 절을 할 때가 되면 달라졌다. 선생은 따뜻한 말과 웃음으로 맞았다. 마치 사람이 봄바람 부는 가운데 앉아 있는 것과 같으니 심취하지 않는 자가 없었다.*

사람을 대하는 성호 선생의 따뜻한 마음을 읽을 수 있는 대목입니다. 앞서 말했듯 성호 선생은 사람만이 아니라 사람과 함께 사는 짐승과 벌레와 나무까지 가리지 않고 모두 다 사랑했습니다. 『성호사설』에는 동식물과 곤충의 생태를 다룬 글이 유난히 많습니다. 성호 선생이 만물문을 인사문보다 앞에 배치했다는 사실은 이미 말한 바 있지요. 호박을 직접 키우고 콩의 종류를 감별했던 성호 선생은 닭을 길렀고 양봉도 했습니다. 그랬기에 닭과 벌의 생태에 전문가 수준이었고 자신의 체험에서 우러나온 글도 여러 편 썼습니다.

정자程子는 "병아리를 볼 때마다 '갓난아이를 보호하듯 한다'라는 『서경』 구절의 뜻을 늘 마음속에 떠올리게 된다"라고 했는데 이는 참 좋은 말이다. (……) 사람들은 병아리에게 남은 밥을 던져 주면 똥이 막혀서 죽는다고들 한다. 실은 그렇지 않다. 밥을 주면 매끄러운 똥이 꽁무니 밑 보드라운 털에 뭉치고, 많이 뭉치면 똥구멍이 막혀서 죽게 되는 것

* 이삼환 지음, 허호구 옮김, 앞의 책, 45쪽.

이다. 나는 남은 밥알을 자주 주되, 부지런히 살피고 보호해 준다. 똥구멍이 막힌 놈의 보드라운 털을 가위로 잘라주면 똥이 바로 나오는바, 이렇게 조치해 주면 병아리는 별 어려움 없이 잘 자란다.　　　　　　　－「병아리 기르는 법」

벌을 해치는 벌레는 참 많다. 땅벌과 밤나방은 기본이며, 습기 찬 흙에서 여러 벌레가 생겨 꿀을 훔쳐 먹고 그물을 쳐 벌의 출입을 방해하니 그 해가 무척 크다. 갈거미와 집게벌레는 통 밑에 숨어 있다가 벌을 잡아먹고, 거미는 벌이 드나드는 길목에 거미줄을 쳐 놓는데 이슬 내린 아침에는 벌이 많이 걸린다. 거미는 멀리 던져도 밤이면 늘 되돌아온다. 두꺼비, 사마귀, 개미, 모기, 깡충거미 등도 벌을 노리며 닭 또한 배가 고프면 벌을 쪼고 제비는 새끼에게 먹이기 위해 벌을 잡는다.

가장 막기 어려운 건 귀뚜라미와 개구리다. 귀뚜라미는 공중에서 벌을 낚아채는데 무리로 몰려왔다가 배를 잔뜩 채우고서야 그만둔다. 자그마한 활과 가느다란 화살을 준비해 두었다가 귀뚜라미가 쉬는 틈을 노려 쏘면 조금은 잡아 없앨 수 있다. 개구리는 뛰어오르면서 벌을 삼키는데 사람만 보면 도망가기 때문에 없애기가 무척 어렵다. 풀을 벤 후 아침저녁으로 지켜보아야만 한다. 벌 기르는 사람이라면 벌을 해치는 벌레는 마땅히 알아야 한다.

—「벌을 해치는 벌레」

도시에서만 나고 자란 탓에 닭이나 벌의 생태에 대해 잘 알지는 못하지만, 전문가가 아니면 쓰기 어려운 글이라는 느낌은 꽉꽉 옵니다. 병아리의 엉덩이 사정과 벌을 괴롭히는 벌레 내지 천적의 종류와 퇴치법에 대한 생생한 기록은 성호 선생이 병아리와 벌에게 쏟았던 애정이 어느 정도였는가를 우리에게 잘 알려 줍니다. "갓난아이를 보호하듯 한다"라는 『서경』「강고」康誥의 문장이 괜히 등장한 게 아닙니다. 물론 사랑의 특성상 우리의 성호 선생에게도 처참한 실패 사례가 존재합니다. 사랑을 베풀기는 베풀었으나 제대로 효과를 보지 못했던 경우입니다.

떠돌아다니는 도둑고양이 한 마리가 밖에서 들어왔는데, 천성이 도둑질에 능했다. 그런데 우리 집에는 쥐가 많지 않아서 늘 굶주렸고, 그래서 녀석은 단속을 조금만 소홀히 하면 상에 차려 놓은 음식을 훔쳐 먹곤 했다. 사람들이 그놈 밉다고 하며 잡아 죽이려 나서면 요리조리 잘도 도망을 쳤다. 얼마 후 도둑고양이는 우리 집을 떠나 다른 집으로 들어갔다. 그 집 식구들은 고양이를 좋아했기에 늘 먹을 것을 주었다. 그 집에는 쥐도 많아 도둑고양이가 배를 주릴 일이 없었다. 그랬기에 도둑고양이는 훔쳐 먹지 않게 되었다. 도둑고양이는 좋은 고양이라는 새 이름을 얻었다.

—「도둑고양이」

성호 선생이 이 고양이를 별로 좋아하지 않았다고 독해할 수도 있겠습니다. 저는 제 나름의 오독을 시도해 봅니다. "쥐가 많지 않아서 늘 굶주렸고", "단속을 조금만 소홀히 하면" 등의 표현에서 성호 선생의 마음을 읽습니다. 성호 선생이 고양이를 미워했다면 고양이의 굶주림을 염려하지 않았을 테고, 말썽을 일으키는 것을 막기 위해 따로 시간을 내어 고양이의 일거수일투족을 감시하지 않았을 것입니다. 어떻게든 고양이를 편들며 돌보려는 성호 선생과 출신도 알 수 없고 성품까지 불량한 도둑고양이에게 신경을 쓰는 성호 선생을 못마땅하게 여기는 다른 가족 간의 신경전이 눈에 보이는 듯합니다!

사정이 어떠했든 간에 성호 선생의 도둑고양이 기르기는 실패로 끝났습니다. 도둑고양이가 견디지 못하고 다른 집으로 도망갔기 때문입니다. 그런데 반전이 일어납니다. 다른 집에서는 뜻밖에도 그 도둑고양이가 좋은 고양이로 백팔십도 변신을 한 겁니다. 조그마한 일 하나라도 그냥 넘어가는 법이 없는 우리의 성호 선생은 이 사건에서 깨달음을 얻습니다.

나는 이 소문을 듣고 탄식했다. 이 고양이는 반드시 가난한 집에서 기르던 고양일 것이다. 먹을 것이 없는 까닭에 어쩔 수 없이 도둑질하게 되었고, 도둑질했다는 이유로 쫓겨났다. 우리 집에 들어왔을 때 우리는 고양이의 본성은 생각도 하지 않고 그저 도둑질하는 고양이로 대우했다. 고양이 형편에서는 도둑질하지 않으면 생명을 유지할 수 없었는데도 말이다. ─「도둑고양이」

자신의 집에 온 고양이를 도둑고양이라는 편견으로 대했기 때문에 도둑고양이가 되었다는 말입니다. 고양이의 본성이 문제가 아니라 주인의 심성이 문제였다는 뜻이지요. 자신은 나름대로 사랑을 베푼다고 베풀었지만, 도둑고양이로 낙인찍힌 고양이에게 그건 결코 사랑이 아니었다는 뜻이지요. 흔하다면 흔한 고양이 한 마리를 통해 자신의 마음을 살피고 반성하다니 성호 선생, 참으로 존경스럽지 않습니까? 이제 성호 선생의 생각은 사람 도둑을 향해 펼쳐집니다.

어리석은 백성이 배고픔에 굴복한 나머지 도적이 되어 삶을 구한다. 마치 이와 같다고 할까? 옷 속에 숨은 이는 사람을 물지 않고는 살 수 없는 법이다. 생명이 있으니 나름대로 살기 위해 애쓰는 것이다. 이의 입장에서 따져 보자. 내가 차라리 죽을지언정 사람은 절대 물지 않겠다고 다짐하는 게 말이 되는가? 이가 사람을 물면 피부가 상하고, 피부가 상하면 사람이 깨닫게 된다. 사람도 가만히 두고 볼 수는 없어 이를 불에 태워 죽인다. 그러니 이는 물지 않으면 굶어 죽고, 물면 또 타서 죽기 마련이다. 이에게는 다른 길이 없다. 어리석은 백성이 도둑이 되어 삶을 구하는 것도 마찬가지다. 부득이해서 잡아 죽이지만 그 정상은 참작할 점이 있다.
— 「배고프면 누구나 도둑이 된다」

역시 성호 선생의 따뜻한 마음이 돋보이는 글이지요. 도둑고양이에게서 얻은 이치가 사람에게도 그대로 적용됩니다. 그 과정에서 해충인 이를 등장시킨 것도 특이합니다. 사람에게 이는 잡아 없애야 할 해충에 불과하지만, 성호 선생은 이의 입장에서 다시 생각해 봅니다. 이는 그저 살기 위해 사람을 물 뿐, 사람을 해치겠다는 의도 따위는 전혀 갖고 있지는 않다는 겁니다. 곤충이나 동물이 사람을 위해 존재하는 게 아니라는 성호 선생의 생각을 확실히 읽을 수 있는 대목입니다. 곤충과 동물에 대한 성호 선생의 관심은 여기에서 끝나지 않습니다.

인성군 이 공이 참형을 선고받은 후 혼자서 말했다. "내 평생에 다른 허물은 없었다. 단 하나, 궁궐을 나올 때 임금께서 급하게 명령을 내리시기에, 더운 여름에 새로 건물을 설계하고 짓느라 옛 건물을 서둘러 철거했다. 그 과정에서 어린 참새 천만 마리가 다 죽고 말았고, 나는 늘 그 일을 생각하며 차마 못 할 일이라 여겼다. 이것이 그 잘못에 대한 앙갚음인가?"

영의정 상진이 외아들을 잃고 울면서 말했다. "내 일찍이 남을 해칠 마음을 갖지 않았다. 다만 평안감사 시절, 백성에게 파리 잡는 일과를 부과했고, 그래서 시장에서 파리를 파는 이까지 있었다. 이것이 그 잘못에 대한 앙갚음인가?"

이 몇 가지 일을 두고 비록 반드시 그렇다고는 못하겠지만, 군자가 만물을 사랑해야 한다는 경계가 될 수 있으므로 여기에 기록한다. ─「어린 새를 죽이고 파리를 잡게 하다」

인성군은 선조의 일곱째 아들로 광해군이 인목대비를 유폐시키는 일에 찬성했다는 이유로 진도에 유배되었고 훗날 자살형을 받았습니다. 상진은 명종 때 영의정까지 지낸 인물입니다. 참새를 죽였기 때문에 참형을 받게 되었다는 인성군, 백성에게 파리를 잡게 했기 때문에* 외아들이 죽었다는 상진의 생각은 사실 논리와 무관합니다. 성호 선생의 표현대로 "반드시 그렇다고" 말하기는 어렵습니다. 하지만 바꿔 말하면 반드시 그렇지 않다고 말하기도 어렵습니다. 모두 다 살아 있는 존재라는 관점에서 보면 오히려 반드시 그렇다고 말하는 것도 무리는 아니겠습니다.

이 글이 언제 완성되었는지는 모르겠습니다. 만약 말년의 글이라고 추정한다면 또 다른 의미에서 성호 선생에게 중요했으리라 생각합니다. 『맹자질서』를 쓰던 시절에 얻었던 성호 선생의 외아들 맹휴가 선생보다 먼저 세상을 떠났기 때문입니다. 일가친척인 이학규의 기록에 따르면 성호 선생은 끼니와 잠도 거르고 외아들을 극진히 간호했다고 합니다. 그런데 외아들이 세상을 떠나자 곧바로 방으로 들어가 코를 골며 잠을 잤습니다. 사람들이 그 이유를 묻자 성호 선생은 이렇

---

* 상진의 생각을 이해하기 위해서는 정약용의 「파리를 조문하는 글」(『다산시문집』)을 함께 읽을 필요가 있다. 정약용은 "굶어 죽은 사람이 변해서 이 파리가 되었다"라고 썼다.

게 대답했습니다.

> 내 비록 늙었으나 자식이 몹쓸 병에 걸렸을 때는 밤낮으로
> 간호하여 병을 낫게 하는 것이 내 할 일이다. 자식이 죽는
> 것은 운명인 것, 어찌 운명과 맞서 싸울 수 있겠는가? 그러
> 니 이제는 편히 잠자고 밥을 챙겨 먹으면서 남은 생을 마치
> 는 것이 내 할 일이지. ─「손식노에게」

최선을 다하되, 운명에 순응하는 선생의 모습이 담긴 일
화입니다. 그러나 저는 성호 선생의 본심은 앞서 인용한 상
진 일화 속에 들어 있다고 생각합니다. 성호 선생은 하나뿐
인 외아들이 자신보다 먼저 죽은 이유에 대해 수도 없이 생
각했을 테고, 하늘과 자신을 원망했을 테고, 그러다가 상진
일화를 읽고는 홀로 눈물을 흘렸을 것입니다. 그러면서 자신
은 과연 살면서 다른 생명에게 어떤 잘못을 범했는지 찬찬히
회고해 보았겠지요.

성호 선생이 1750년경에 지은 것으로 추정되는 시에는
"자식은 병들어 앓고 아비는 늙어, 긴 밤 찬 등불 아래 무료
히 앉아 있다"라는 시구가 나옵니다(「동천자가 엿을 보내 준 것에
사례하다」). 외아들 맹휴는 1748년경에 앓아누워 1751년에 죽

었다고 합니다. 담담한 시구가 오히려 더 마음을 아프게 합니다. 이야기가 나온 김에 상진에 대해 조금 더 살펴보겠습니다. 상진은 훌륭한 인품으로 유명한 사람입니다. 『성호사설』에도 상진의 고사가 여럿 등장합니다.

영의정 상진이 일반 관리로 있을 때의 일이다. 무과 응시자들이 앞을 다투어 찾아와 신원 보증을 요구하자 모두 허락해 주었다. 심지어 집에 찾아가지도 않고 상진의 서명을 위조한 자도 있었다. 필적이 다른 것을 확인한 고시관이 상진에게 편지를 보내 사정을 물었다. 상진의 답장은 이랬다. "취중에도 쓰고, 졸면서도 쓰고, 누워서도 썼으니 필적이 다른 것이다."

사람들이 그 도량의 크기에 탄복했다. 훗날 상진의 벼슬이 영의정에 이르렀다. 점 보는 이가 말하길 음덕의 도움 때문이라고 했다. ─「영의정 상진」

정말 대단한 도량의 소유자이지요? 음덕을 쌓아서 영의정에 올랐다는 말이 나왔을 정도이니 인격의 측면에서 상진을 비난하는 이는 거의 없었을 것입니다. 사실 상진은 미천한 가문 출신이어서 오직 자신의 힘으로 최고의 지위인 영의정에 올랐던, 지금으로 치면 자수성가한 사람입니다. 과거 응시자의 신원 보증 요청을 거절하기가 더더욱 어려웠던 까닭이겠지요. 이렇듯 흠잡을 데 없는 인격을 지닌 상진조차 외아들의 갑작스러운 죽음은 막을 수 없었습니다. 무엇을 잘못했나 곰곰 생각하던 상진이 다음과 같은 깨달음에 이르는 건 당연하다고 느낄 수도 있을 텐데, 달리 보면 놀랍도록 비범한 결론이기도 합니다.

영의정 상진이 이렇게 말한 적이 있다. "어찌 살아 있는 짐승을 보며 잡아먹는 일을 생각할 수 있겠는가?" 이 말에서 마땅히 깨닫고 반성해야 할 것이다. 닭이나 개가 미물이기는 하나 사람들이 그 앞에서 고기 맛이 좋다느니 나쁘다느니 삶아 먹어야 한다느니 구워 먹어야 한다느니 하고 평하는 말을 들으면 저절로 이맛살이 찌푸려진다. 힘이 닿는 데까지 짐승을 다 잡아먹어야 한다는 약육강식의 태도는 짐승의 도다.　　　　 ─「산 짐승을 보고 잡아먹을 생각을 하다」

고기 소비가 역사상 최고 수위에 도달한 우리 식생활 풍경을 상진이 보았더라면, 전염병을 막는 조치라는 미명하에 살아 있는 짐승을 땅에 묻는 우리의 만행을 상진이 보았더라면 과연 무슨 말을 했을까요? 「산 짐승을 보고 잡아먹을 생각을 하다」라는 글의 제목도 의미심장합니다. 성호 선생 또한 상진과 비슷한 생각을 피력합니다.

> 백성은 나의 동포이고 만물은 나와 동류이다. 초목은 지각이 없어 혈육을 가진 동물과 다르니 취하여 삶을 살아갈 수단으로 삼을 수 있다. 하지만 날짐승과 길짐승은 살기를 원하고 죽기 싫어하는 정이 사람과 같은데 어찌 차마 해칠 수 있겠는가? 사람을 해치는 동물은 이치로 보아 사로잡거나 죽일 수도 있겠고, 사람이 기르는 가축은 정황을 고려하여 잡을 수도 있겠으나, 산이나 물에서 저절로 나고 자란 것이 사냥과 그물의 독을 당하는 이유는 도대체 왜일까?
>
> ─「고기를 먹는 것」

앞에서도 잠깐 언급했듯 성호 선생은 만물이 사람을 위해 생겨났다는 견해에 단호히 반대합니다. 여기에 인용한 글에서는 "참새는 벌레를 먹고 사는데 인간은 참새를 잡아먹습니다. 그러므로 벌레는 인간을 위해 생겨난 것입니다"라는 궁색한 논리를 취했다는 이유로 서학을 비난하기도 합니다. 그런 성호 선생이니만큼 이유 없이 동물을 죽이고 그 고기를 먹는 습관도 좋게 여기지 않지요. 차라리 성인이 고기 먹는 풍습을 없앴더라면 좋았을 것이라고 표현했을 정도였으니까요. 생명을 존중하는 성호 선생의 생각은 맹자의 사상으로 이어집니다.

맹자는 만물이 모두 나 자신에게 갖춰져 있다는 말을 남겼다. 인仁의 바탕이 지극히 크다는 것을 비유한 것이다. 하늘과 땅 사이에 있는 사해와 팔황八荒(여덟 방위), 짐승과 초목이 다 만물인데 인을 실천하는 사람은 이 모두를 다 하나로 보아서 자신에게 귀속시킨다.

그러므로 만민은 모두 나의 백성이고, 오랑캐도 모두 나의 오랑캐이며, 짐승과 초목도 모두 나의 짐승과 초목인 것이다.　　　　　　　　 ─「만물은 모두 나에게 갖추어져 있다」

"만민은 모두 나의 백성이고, 오랑캐도 모두 나의 오랑캐이며, 짐승과 초목도 모두 나의 짐승과 초목인 것이다"라는 구절만으로도 『맹자』를 읽을 가치는 충분하다고 생각합니다. '만물은 모두 나에게 갖추어져 있다'라고 풀이되는 이 글의 원제 "萬物備我"(만물비아)는 『맹자』「진심장」盡心章에 나오는 구절입니다. 성호 선생은 또한 만물의 이름을 알기 위한 노력을 멈추지 말아야 한다고 말합니다. "하늘과 땅 사이에서 함께 자라나면서 편벽되거나 완전의 차이만이 있을 뿐인데 사람이 어찌 더 물류를 멀리하여 잊어버려야 되겠는가? 잊지 않는다면 반드시 그 이름을 다 알아야 할 것이니 한 가족이 아무리 많더라도 다 어루만져 사랑하려면 반드시 먼저 그 이름을 알아야 하는 것과 같다"라는 구절(「새와 짐승과 풀과 나무의 이름」), 참 아름답지 않습니까?

만물을 사랑하고 만물의 이름을 알기 위한 노력을 게을리하지 않았던 성호 선생의 마음이 사람 중에서도 가장 비참한 존재, 즉 걸인에게 향하는 건 자연스럽습니다.

30년 전의 일이다. 무척 추운 날 저녁 나는 서울 거리를 지나고 있었다. 눈이 먼 걸인이 보였다. 허름한 옷에 며칠은 굶은 티가 역력한 그는 남의 집 문 밖에 앉아 울면서 하늘에 하소연했다. "죽여 주기를 원합니다. 죽기를 원합니다." 참으로 죽고 싶지만, 그 뜻조차 마음대로 이룰 수는 없는 것이었다. 지금도 그 풍경이 잊히지 않는다. 생각만 하면 저절로 눈물이 쏟아진다.　　　　　　　　　—「걸인의 소망」

예나 지금이나 행색이 초라한 사람이 다가와 손을 내밀

면 무의식적으로 피하기 마련입니다. 노숙자를 만나면 재빨리 발걸음을 돌리거나 얼굴을 찌푸리기 마련입니다. 우리의 성호 선생은 걸인의 편에서 생각합니다. 세상에 태어나 먹고 살기도 어려운 처지에 몰리게 된 것을 안타깝게 여기면서도 그래도 죽지 않고 살기 위해 손이라도 내미는 것을 오히려 다행스럽게 여깁니다. 그런 성호 선생이니 30년 전에 만났다는 걸인의 탄식을 잊지 않고 있는 것이겠지요.

『성호선생언행록』에는 또 다른 걸인 이야기가 등장합니다.* 구걸하러 온 걸인에게 종이 쌀 한 대접을 주자 걸인이 불만스러운 표정을 지었습니다. 양이 적다는 것이지요. 성호 선생은 어떻게 했을까요? 우리도 가난한 탓에 넉넉하게 주지 못한다고 말하고는 공손히 사과했다고 합니다. 성호 선생의 마음 씀씀이를 알 수 있는 대목입니다.『성호사설』에 등장하는 걸인을 조금 더 살펴보겠습니다.

문을 나섰더니 어리거나 나이 많은 걸인 네다섯 명이 함께 모여 있었다. 그들에게 훈계했다. "농사짓기에 좋은 봄이 왔는데 너희는 어찌 고향에 돌아갈 생각은 하지도 않고 타향에서 빌어먹는가?"

걸인들이 나를 뚫어지게 쳐다보았다. 그중 한 명이 대답했

---

*이삼환 지음, 허호구 옮김, 앞의 책, 51쪽.

다. "농사를 어떻게 지으라는 말씀이신지? 종자도 없고 양식도 없으니 돌아간들 무슨 소용이 있겠습니까?"

걸인들은 나를 물정에 어두운 이로 여기는 듯했다. 그들의 말을 생각해 보니 과연 그러했다. 직접 경험해 보지 않으면 깊이 알 수 없는 법이다.

—「유랑민을 고향으로 돌려보내는 방법」

걸인들에게 무게를 잡고 훈계를 했다가 도리어 역습을 당한 성호 선생의 모습이 눈에 선합니다. 다른 양반이었다면 '감히 이놈들이' 하고 호통을 쳤겠지만, 성호 선생은 도리어 자신의 무지를 반성합니다. 하긴, 농사지어 살 만했다면 왜 유랑민이 되고 걸인이 되었겠습니까? 우리는 흔히 영·정조 시대를 조선의 르네상스니 하는 화려한 용어로 기억합니다. 그러나 성호 선생의 글을 보면 문화적으로 융성했으며 부유한 양반에게는 살기 좋았던 그 시대가 대다수 백성에게는 먹고살기조차 힘든 괴로운 시대였다는 사실을 알게 됩니다. 성호 선생이 직접 겪었던 사례 두 가지를 들겠습니다.

우리의 궁핍은 차치하더라도 만나는 사람마다 빈곤을 말합니다. 근래에 어떤 사람이 바깥에서 돌아와 이렇게 말하더군요. "마을 거리가 텅 비었는데, 보이는 곳곳마다 그러했습니다. 들판은 황폐 그 자체였는데, 가까운 골짜기일수록 정도가 더 심했습니다."

―「안정복에게 답하다」

근래에 기근과 전염병이 하늘을 뒤덮은 먹구름처럼 만연해 있습니다. 일 년 동안 친족 가운데 성인만 열두 명이 죽었고, 그 태반은 굶주림과 전염병 때문이었습니다. 그런데 아직도 장사 지내지 못한 사람이 남아 있습니다. 사람들이 모두 이번 봄은 이전보다 더 심해질 것이라 말을 하고 있습니다. 보리 파종 시기에 종자마저 없게 된다면 이를 어찌하겠습니까? 눈으로 보고 귀로 듣고 있자니 너무나 놀랍고 참혹합니다. 세상에 오래 살다 이런 꼴을 당하고 말았으니, 아무리 힘을 다해 살림을 꾸려 본들 도무지 대책이 없습니다.

―「권상일에게 답하다」

비록 기근과 전염병 때문이라는 단서는 있으나 이를 해결하지 못한 것은 전적으로 나라의 책임이지요. 성호 선생이 앞에서 나온 「유랑민을 고향으로 돌려보내는 방법」에서 "나라에서 창고를 열어 백성에게 곡식을 나누어 주고 풍년 든

곳의 곡식을 흉년 든 곳으로 운반한다면 구제할 수 있을 것이다. 사방으로 떠도는 것은 흉년의 허물만은 아니니 백성이 어찌 불쌍하지 않겠는가?"라고 쓴 이유입니다. 나라의 힘이 닿지 않는 사정을 깊이 살피기 전에 노비에 대한 성호 선생의 관심부터 살피고 넘어가겠습니다. 『성호사설』에는 노비 이야기도 참 많이 나옵니다. 그만큼 성호 선생이 염려를 많이 했다고 볼 수 있겠습니다. 자득을 중시하는 성호 선생은 장황한 이론보다 자신이 직접 경험한 일부터 기록합니다.

옛날에 원 아무개는 자녀에게 다음과 같이 훈계했다고 한다. "자기 일에 부지런하고 남의 일에 게으른 것은 인지상정이다. 노비가 젊어서부터 늙을 때까지 매일 하는 일이 모두가 남의 일이니 어찌 일마다 마음을 극진히 쏟을 수 있겠느냐? 너그럽게 용서하고 노여워하지 말라." 이는 진정 훌륭한 말이다. (……) 노비가 마른 밥을 씹는 것은 항상 굶어서 체하지 않기 때문이고, 빨리 잠을 자는 것은 피로가 심하기 때문이고, 옷을 뒤바꿔 입는 것은 몸을 꾸밀 여가가 없기 때문이니, 이런 것을 미루어 본다면 가련하지 않은 점이 없다.
　　　　　　　　　　　　　　　　　　　　　　　　－「노비」

평소에 노비의 삶을 눈여겨보지 않은 사람이라면 쓰기 어려운 글입니다. 양반에게 노비는 사람이 아니었습니다. 게으르고 무지하고 욕심이 많은, 인간과 동물 사이 어디엔가 자리 잡은, 형편없는 족속일 뿐이었습니다. 하지만 성호 선생은 배고픔과 피로와 휴식의 부재에서 이유를 찾습니다. 노비에게 여유가 있었다면 남들 눈에 이상하게 보이는 행동을 하지 않았으리라는 겁니다.

선생은 또한 남을 위해 평생 살아야 하는 존재라는 데에서 이유를 찾습니다. 자신이 아닌 남을 위해 봉사할 뿐이니 진심으로 일할 마음이 생기지 않는다는 겁니다(사람들이 직장 생활을 싫어하는 이유이기도 하지요). 사실 성호 선생의 결론은 한 가지나 마찬가지입니다. 세상이 노비를 그렇게 만들었다는 뜻입니다. 성호 선생은 같은 글에서 노비 신분의 세습이야말로 악법 중의 악법이라고 목소리를 높입니다.

우리나라 노비의 법은 천하 고금에 없는 법이다. 한번 노비가 되면 백 세대 동안 고역을 겪는 것도 불쌍한데 법에는 반드시 어미의 신분을 따르게 되어 있다. 그렇다면 어미의 어미와 그 어미의 어미의 어미로부터 멀리 10대, 100대까지 소급하여 어느 대의 누구로부터 비롯되었는지도 모르는데 막연한 먼 외손이 하늘과 땅이 다하도록 한량없는 고뇌를 벗어날 수 없게 하는 것이다.　　　　　　　　　　—「노비」

따로 설명이 필요 없으리라 생각합니다. 성호 선생은 불합리한 노비 제도를 개선하지 않으면 언젠가는 그 대가를 톡톡히 치르리라 주장합니다. 노비 제도가 완전히 폐지된 것은 1894년의 일입니다. 당시 조선의 상황을 보면 조선은 대가를 제대로 치렀다고 볼 수 있겠습니다. 임진왜란 때 제일 먼저 불에 탄 건물이 노비 문서를 보관해 놓은 장례원掌隸院이었다는 사실은 의미심장합니다(「지고의 노비 문서를 불태우다」). 그런데 성호 선생이 살던 시대에 어려움을 겪은 이가 걸인, 유랑민, 노비 등 사회 하층민에 한정되는 것은 아니었습니다. 앞서도 잠깐 언급했듯 일부 양반을 제외한 거의 모든 백성이 사는 게 너무 어렵다고 줄줄이 호소했습니다. 그런 까닭에 『성호사설』에서 가장 많이 다뤄지는 부분 중 하나는 바로 일반 백성의 고난사입니다. 대표적인 사례 몇 가지만 들도록 하겠습니다.

서민은 가난하고 비천한 사람이다. 가난과 비천을 겪은 이만이 백성의 어려움을 이해할 수 있다. 부귀한 이는 도무지 알 길이 없을 텐데 궁중의 임금이야 더 말할 것도 없다. 지금 나라에서는 환곡還穀을 시행한다. 환곡은 백성이 빚을 짊어지도록 하는 방법이다. 봄철 식량이 떨어졌을 때 값도 정하지 않고 내어 주니, 어느 누가 좋다고 하며 가서 받아 오지 않겠는가? 하지만 가을이 되어 곡식의 값이 내려갔을 때는 어떠한가? 나라에서 보관 중 일어날 손실까지 다 계산해 최대한 거둬들여 부자도 휘청거릴 판인데 가난한 백성의 처지는 도대체 어떻겠는가?

―「재물이 넉넉하면 절약하기 어렵다」

우리는 흔히 환곡을 나라에서 백성을 돕기 위해 만든 제도라고 이해합니다. 춘궁기인 봄에 곡식을 빌려주고 수확 철인 가을에 되받으니 원리상으로는 참 좋지요. 실상은 전혀 달랐습니다. 환곡은 백성을 돕기는커녕 괴롭히는 제도였습니다. 이유는 간단합니다. 공식적으로는 10퍼센트인 이율이 실제로는 무지막지한 사채 수준이었기 때문입니다. 성호 선생은 환곡의 문제점을 르포 기사 쓰듯 조목조목 정확하게 짚어 냅니다.

나도 백성의 한 사람으로 직접 눈으로 보아서 익히 알고 있다. 가혹한 조세와 빈번한 부역 등등 온갖 시달림을 받는 일 외에 환곡의 출납이 백성에게 가장 큰 문제가 된다. 처음에는 백성을 위한 제도였고, 대출하여 이익을 도모하려는 목적은 아니었다. 그러나 후에 점점 폐단이 생겼다. 쥐가 곡식을 축낸다는 이유로 1할을 미리 떼어 경비로 충당했으며 백성에게 줄 때는 작은 됫박을 사용했다.

우리나라 풍속은 15두로써 1석을 삼는다. 가을에 갚을 때는 16두 5승을 바치는데 봄에 나눠 줄 때는 13두에 지나지 않으니, 3두 5승이 축이 나게 되며, 그 외의 경비도 더해진다. 그런즉 백성은 반년 사이에 엄청난 손실을 보게 되는 것이다. '넉넉히 받고 박하게 준다'라는 것이니 백성이 어떻게 빈곤하고 굶주리지 않을 수가 있겠는가?

—「백성의 가난」

환곡을 받을 때부터 백성은 손해를 감수해야 합니다. 나라에서는 쌓아 둔 곡식이 쥐와 같은 생물에게 축이 나거나 그 밖의 관리 과정에서 손상되는 것을 참작해 미리 10퍼센트를 떼고 줍니다. 그런데 성호 선생은 15두 중 13두만을 준다고 적었습니다. 이상하지요? '두'는 말이고, '승'은 되입니다. 편의상 단위는 빼고 계산하겠습니다. 15의 10퍼센트면

1.5이므로 백성은 13.5를 받아야 이치에 맞습니다. 그런데 나라에서는 0.5는 과감히 무시한 채 13만 지급합니다.

이제 가을 수확 철이 되었습니다. 나라에서는 15에 10퍼센트를 더한 16.5를 칼같이 요구합니다. 그러므로 백성은 실제로는 3.5의 이자를 내는 셈입니다. 이율로 계산하면 무려 23퍼센트가 넘습니다. 아직 전부가 아닙니다. 지급 및 운반 과정에서 생기는 손실 또한 모두 백성이 감당해야 합니다. 더 치사한 건 곡식을 줄 때는 작은 됫박을 사용하고 받을 때는 큰 됫박을 쓴다는 겁니다.

이러저러한 비용을 모두 따져 보면 실제로 백성이 갚아야 하는 곡식은 받은 곡식의 절반, 즉 50퍼센트에 이릅니다. 넉넉히 주고 박하게 돌려받아도 모자랄 판에 나라에서는 박하게 주고 넉넉하게 돌려받는 꼴인 것이지요. 사정이 이러하니 조금이라도 여건이 나은 농민은 환곡을 받고 싶어 하지 않았지만, 그것조차 불가능했습니다. 나가는 환곡의 양이 줄어들면 나라의 수입도 줄어들지요. 그러므로 여유 있는 농민도 울며 겨자 먹기로 환곡을 받을 수밖에 없는 상황이었던 겁니다. 문제는 또 있었습니다. 조선 후기 농민 대부분은 소작농이었습니다. 남의 땅을 빌려서 농사를 지었다는 뜻입니다. 그러므로 수확 철에는 소작료를 내야 했지요.

옛날 지주는 경작한 자와 반을 나누었는데 세금과 종자는 자신이 부담했다. 지금 삼남 지방에서는 세금과 종자까지 모두 경작한 자에게 부담시키며 때로는 볏짚까지 빼앗고 뇌물까지 챙긴다. 요구하는 것을 다 주고 나면 집안은 텅 비고 만다. 이를 개선하지 않는다면 그 결과는 알고도 남음이 있다.
　　　　　　　　　　　　　　　　　　　　─「백성의 가난」

　소작농은 수확량의 절반을 주인에게 바치는 게 보통이었습니다. 그러나 조선 후기에 이르면 지주가 자신이 부담해야 할 세금, 그리고 다음 해 농사를 위해 준비해야 할 종자까지 모두 소작농에게 부담시킵니다. 각각 10퍼센트였으니 종합해 보면 지주가 7을 가져가고 소작농이 3을 가져가는 구조였지요. 일부는 뇌물까지 받았다고 합니다. 다음 해에는 땅을 안 빌려주겠다고 협박하면 도리가 없으니 소작농은 울며 겨자 먹기로 요구라는 요구는 다 수락해야 합니다. 물론 얼마 되지 않는 남은 곡식에서 환곡도 갚아야 합니다. 이러고도 생활이 된다면 그것이 더 이상합니다. 그렇기에 성호 선생은 모든 백성에게 땅을 지급해야 한다고 목소리를 높였습니다.

농경지의 소유를 일정 면적 내로 제한해 한 가구의 영업전 永業田(한 집안에서 영원히 소유하고 경작하는 땅)으로 만든다. 노력에 따라 많이 점유한 자의 것을 빼앗지 않고 없는 자를 추궁하지 않으며, 법으로 정한 땅 이외에는 마음대로 사고팔게 한다. 많이 가진 자가 남의 영업전을 차지한 경우에는 무효로 한 뒤 땅문서는 관에서 보관한다. 이렇듯 영업전을 함부로 팔 수 없게 하면 없는 자들이 조금이나마 땅을 가질 수 있을 것이다.　　　　　　　　―「땅을 고르게 나누어 주는 제도」

성호 선생의 토지 정책은 한전론限田論입니다. 한 사람이 가질 수 있는 땅에 한계를 두자는 뜻입니다. 보통은 상한선을 두지만, 성호 선생은 하한선을 두었습니다. 영업전이라 불리는 최소한의 땅을 보장해 주고 그 땅은 절대로 팔지 못하게 하자는 것이었지요. 성호 선생은 영업전 덕분에 부자가 땅을 사서 넓히는 데에 한계가 있으리라 여겼고, 이후 상속 과정에서 부자의 땅이 자손에게 고르게 나누어지리라 믿었습니다. 또한 가난한 이가 영업전을 발판 삼아 열심히 노력하면 먹고살기는 어렵지 않을 것으로 생각했습니다.

일부 학자는 토지 소유의 상한선을 정하지 않았다는 점

을 들어 지나치게 온건한 개혁안이라고 평가했습니다만 저는 땅 거래를 강제로 막을 수는 없었던 당시의 현실을 어느 정도 고려한 정책이라고 생각합니다. 이헌창은 빈민의 자조自助를 중시하고, 부자의 재산권을 침해하는 정책을 선호하지 않은 것은 오히려 근대적이라고 말하기도 했습니다.*

그러나 어찌 되었건 문제는 성호 선생의 한전론 또한 굉장한 이상론이라는 사실입니다. 절대 팔 수 없다고 하면 더 욕심을 내는 게 부자의 저열한 본성이니까요. 성호 선생 또한 "천천히 오랜 시간 실행한 뒤에야 효과가 있을 것이다. 그러나 반드시 그 계획을 저지하는 자가 나올 것이니 시행할 수 없기는 마찬가지다"라고 염려를 드러내며 자신의 생각이 이상에 가까움을 인정했습니다(「백성에게 주는 밭의 넓이를 제한하다」).

『조선왕조실록』에 실린 영조의 발언을 살펴보면 한전론은 역시 당대 조선에서 시행될 수 없었던 정책임을 잘 알 수 있습니다. 양반의 것을 빼앗아 백성에게 주는 정책은 영조에게 고려 사항도 못 되었습니다. 자칫 양반 세력에게 전면전을 선포하는 것으로 보일 수도 있겠다는 염려 때문이었지요.

검토관 서명신이 말했다.

"정전법井田法은 행할 수 없더라도 한나라 때의 한전법을 행한다면, 가난한 백성을 보전할 수 있을 것입니다."

임금이 말했다.

"한전법을 행하더라도 (양반이) 한도를 넘게 소유한 땅을 이유도 없이 빼앗아 가난한 백성에게 줄 수는 없다.

— 영조 16년(1740) 2월 13일

성호 선생은 토지세를 감면하는 정책에 대해 "세금을 깎아 백성을 구제한다는 건 정사의 요령을 깊이 아는 자가 아니다. 땅이 있어야 세금을 내는 법이다. 세금을 감하면 결국 땅을 가진 자만 혜택을 입는다"(「토지세 감면」)라고 쓰며 말 그대로 실소를 지었습니다. 하지만 이런 종류의 세금 감면 정책은 별 어려움 없이 쉽게 만들어지고 시행됩니다. 왜 그렇습니까? 땅을 가진 자가 죄다 힘 있는 자이니까요. 성호 선생은 가난한 백성 처지에서는 풍년이 흉년보다 더 힘들다는 내용을 기록한 소식蘇軾의 글을 읽고 눈물을 흘렸다고 합니다. 왜 그렇습니까? 관리들이 밀린 세금을 뜯어내기 위해 아귀처럼 달려들기 때문입니다(「환곡」).

백성을 괴롭히는 또 다른 대표적인 수단은 군역이었습니다. 성호 선생에 따르면 조선의 백성은 16세에 군적에 편입되었다가 60세가 되면 빠지게 되어 있었습니다. 물론 이 기간에 군대에 가는 것은 아니고 군포를 두 필씩 대신 내는 겁니다. 그러니까 일종의 세금이지요. 그런데 나라에서는 군포를 많이 뜯어내기 위해 이미 사망한 사람이나 다섯 살 미만의 유아에게도 세금을 매겼습니다. 이것이 바로 유명한 백골징포白骨徵布와 황구첨정黃口簽丁입니다. 성호 선생이 기록한 어떤 군졸의 이야기를 읽고 과연 웃는 사람이 있을까요?

남양에 사는 어느 군졸이 나이도 되지 않았는데 군역 면제를 요구했다. 나라를 속이려 드냐는 고을 수령의 말에 군졸이 이렇게 대답했다. "제가 나라를 속이는 게 아니라 나라가 저를 속이고 있는 겁니다. 태어나면서부터 군적에 편입되었으니 이미 45년째입니다."

　　　　　　　　　　　　　　　—「젖먹이도 군적에 오른다」

이러한 군역의 문제를 나라에서 몰랐던 것은 아니었습니다. 『조선왕조실록』에는 신하들이 올린 군역 관련 발언이 차고 넘칩니다.

"(……) 대체로 지금의 민정은 오로지 자기의 두 필 부담을 어렵게 여기는 것만이 아니라, 친족이 대신 빼앗기는 것을 가장 큰 사달로 여기고 있습니다. 황구첨정과 백골징포에 대한 원한이 하늘을 찌르고, 한 집에서 거듭 겹쳐진 군역에 대해 쌓인 원망 또한 뼈에 사무쳐 있으니, 민생의 괴로움과 고달픔은 가히 비참하다 하겠습니다. (……)"

— 영조 26년(1750) 6월 5일

이런 판국이니 백성이 도적의 길로 나서는 것도 이상한 일은 아니었지요. 강명관은 "왕을 비롯한 지배 계급은 백성이 군도가 되는 이유를 알았다 하더라도 자신들의 지배를 포기할 수 없었다"라고 날카롭게 지적합니다.* 시간이 흘렀어도 군역의 문제가 여전했음은 정약용의 유명한 시 「스스로 거세한 남자」의 "시아버지는 돌아가시고 아이는 갓 태어났는데 시아버지 남편 모두 군인 몫을 하라니"라는 시구에 잘 나타나 있습니다.

또 다른 문제인 공물을 살펴봅니다. 지역의 특산물을 임금에게 바치는 제도인 공물은 시행 과정에서 문제가 참 많았습니다. 기후의 영향으로 특산물이 아예 생산되지 않은 때도 있었고, 나지도 않는 특산물이 배정된 예도 있었습니다. 이러한 문제를 보완하기 위해 탄생한 제도가 바로 대동법大同法

---

* 강명관, 『허생의 섬, 연암의 아나키즘』(휴머니스트, 2017), 170쪽.

입니다. 특산물이 아닌 쌀로 통일해 내도록 한 것이지요. 초기에는 잘 시행되었으나 시간이 흐르면서 대동법에도 문제가 발생합니다.

> 국가에 연회가 있으면 거두고, 상을 당했을 때도 거두고, 사신이 오면 거두고, 사신을 보낼 때도 거둔다. 관에서는 이를 본떠 일만 있으면 거두고, 각 도의 감사도 좋은 방법이군 하고 일만 있으면 거둔다. (……) 백성을 다스리는 요점은 관청과 접촉을 드물게 하는 데 있다. 그런데 대동이라고 해서 봄가을로 바치고, 각 읍은 읍마다 따로 창고를 두고 또 백성에게 바치게 한다. ─「대동법의 문제」

사정이 이러했으니 당시에는 시골이었던 안산에 살면서 백성의 삶을 직접 목격했던 성호 선생이 나라에 목소리를 높이는 건 당연한 일입니다. 나라가 백성을 보호하는 건 기본 의무입니다. 하지만 성호 선생이 살던 시대에 조선이라는 나라는 백성이 가진 것을 모조리 빼앗아 가는 파렴치한 도둑이나 마찬가지였습니다. 아니 도둑보다 더 나쁘지요. 도둑은 무력을 사용하지만 나라는 합법을 가장한 악법을 무기 삼아 태연하게 휘두르니까요.

겁탈하는 것이 있고 연법緣法, 즉 법을 빙자하여 재물을 갈취하는 것이 있는데, 겁탈하는 해독은 오히려 얕지만, 연법의 화는 무척 깊다. 겁탈은 한때에 그치지만, 연법은 그 포학이 다하지 않아서 이로운 것 같으면서도 실상은 해롭고, 처음에는 나쁘지 않은 것 같지만 나중에는 결국 해가 있게된다. (……) 기초가 허술하면 집이 무너지고 뿌리가 마르면 잎이 병들기 마련이다. 나라를 세우려고 하면서 백성의 것을 갈취한다면 전복되지 않는 나라가 없다.

　　　　　　　　　　　　　ㅡ「간사한 사람이 재물을 바닥낸다」

백성의 것을 갈취하고도 전복되지 않는 나라는 없다는 성호 선생의 말이 정말로 매섭습니다. 그렇다면 국가는 백성에게 어떤 존재여야 하겠습니까? 성호 선생은 늘 그렇듯 어렵고 추상적인 말을 하지 않습니다. 선비라면 다들 알고 있는 보편적인 상식에 호소할 뿐입니다.

어린아이가 위험하면, 부모는 아이를 구하기 위해 수단과 방법을 가리지 않는다. 물과 불에 빠지는 위험이 뒤따른다고 해도 그 아이를 살리기 위하여 온갖 수단을 취하지, 방법이 없다고 하면서 가만히 앉아 죽는 모습을 지켜보지는 않을 것이다. (……) 백성이 고난에 빠진 상황이 어린아이가 우물에 들어가려는 것보다 더 위태로운 형편인데, 정치한다는 사람들이 방법이 없다고 핑계만 대고 모르는 체하니 어찌 옳겠는가? (……) 성인이 편히 쉬어 보지도 못하고 정처 없이 천하를 주유했던 것은 뜻이 그 도道를 행하는 데 있었기 때문이다. 무엇을 도라고 하는가? 온 천하에 궁한 백성이 없게 하는 것이다. 그러므로 "한 사람만 제 살 곳을 얻지 못하면, 자신이 마치 시장에서 매를 맞은 것처럼 부끄럽게 여긴다"라고 한 것이다.   ─「백성을 구하는 방법」

백성을 해치는 정치가 모두 다 잔인한 마음에서 나오거나 고의로 그러는 것은 아니다. 다만 사정을 알지 못하고 대수롭지 않게 여기기 때문이다. 진晉나라 대부 구계는 "문을 나설 때는 손님을 맞는 것처럼 공손히 하고, 일을 받들어 할 때는 제사를 지내듯 공경하면서 해야 한다"라고 했는데 공자가 이 말을 부연해 "문을 나설 때는 큰 손님을 맞는 것처럼 하며, 백성을 부릴 때는 큰 제사를 받들 듯이 해야 한다"라고 바꾸었으니 상황을 잘 형용한 것이다.

(……) 어진 사람이 백성을 대함도 이와 같다. 두꺼운 이불

과 짐승 가죽으로 만든 옷을 입고 숯을 피우며 따뜻하게 거처할 때에는 천하에 추위에 떠는 사람이 있는 것을 알고, 좋은 집에서 맛 좋은 음식을 먹을 때에는 천하에 배고픔을 참는 자가 있는 것을 알고, 몸이 편안할 때에는 천하에 노동을 견디지 못하는 사람이 있는 것을 알고, 마음이 유쾌한 때에는 천하에 원통하고 억울한 사람이 있는 것을 알아야 할 것이니 이것이 백성 부리기를 큰 제사 받들 듯이 한다는 것이다. ─「백성 부리기를 제사 받들 듯하라」

구구절절 옳은 말이지요. 그렇지만 앞서 말했듯 전혀 새로운 말이 아니기도 합니다. 이미 경전에 다 나와 있는 내용이니까요. 선비로서 읽어야 할 기본서 중의 기본서인 사서四書를 한 번이라도 들춰 본 사람은 다 아는 문장이니까요. 문제는 전혀 실천되지 않았다는 점입니다. 그러므로 성호 선생 식으로 말하자면 눈으로 읽기는 읽어도 마음으로는 전혀 알지 못했던 문장이었습니다. 이러한 성호 선생이 백성의 삶은 제쳐 둔 채 오로지 국가의 이익만을 위해 벌어지는 전쟁에 단호하게 반대하는 것은 당연합니다.

당나라 시인의 시에 "한 장수가 공을 이루면 만 사람의 뼈가 마른다"라는 구절이 있는데 이는 뼈에 사무치는 말이다. 맹자 또한 "땅을 다투고 성을 다투는 과정에서 사람을 죽여 성에 가득하면 이는 큰 죄다"라고 못을 박았다. 외적은 물론 막지 않을 수 없다. 강한 외적이 뜻밖에 찾아온다면 당연히 막아야 할 터, 그러나 나라가 스스로 막는 게 아니라 백성의 힘으로 막는 것이다. 평소에 백성의 마음을 후한 정치로 다독여 주지 않는다면 전쟁이 일어났을 때 어떻게 힘을 얻겠는가?　　　　　　　　　　　　　　 ―「화친과 항복을 빌다」

　한 장수가 공을 세우면 만 사람의 뼈가 마른다는 말에 성호 선생의 진심이 담겨 있습니다. 사실 백성의 처지에서는 전쟁에서 이기고 지는 것이 전혀 중요하지 않지요. 나라가 전쟁에 이겼어도 그 과정에서 수많은 인명이 희생되었다면 전혀 기뻐할 것이 없습니다. 그렇기에 성호 선생은 병자호란 때 척화를 주장한 이들을 소리 높여 비판합니다. 소속 당파의 잘난 명분 혹은 국가라는 허상을 위해 백성의 목숨을 희생했기 때문입니다.

　성호 선생은 "조선이라는 나라는 내가 스스로 만든 게 아니다. 우리 조상이 고민하고 노력한 덕분에 전해 내려온 소중한 보배다. 자손이 되어 어찌 남(명나라)의 은혜를 중시하고 조상의 고생을 소홀히 여길 수 있겠는가?"라고 말하며 병자호란 당시 명나라에 대한 의리를 내세우며 백성의 고통에 눈감은 이들, 즉 척화를 주장한 세력을 비판합니다(「남쪽으로 옮겨 간 명을 치는 일에 대해」). 성호 선생이 강화도로 도읍을 옮기면서까지 몽골에 저항한 최항을 비판하는 것도 같은 이유입니다. 제일 중요한 건 백성의 고통을 줄이는 것이니까요.

> 고종 19년(1232), 최우가 도읍을 강화로 옮겨 몽골의 침략을 피하려 할 때 유승단이 도읍 옮기는 것은 잘못된 결정이라고 강력히 간언했다. 최우는 끝내 듣지 않았다가 도성이 다 헐린 후에야 환도하게 되니 그 화가 극도에 달했다.
>
> ―「작은 나라는 큰 나라를 섬긴다」

성호 선생은 이기지 못할 전쟁은 하지 않는 것이 가장 좋은 방책이며, 머리를 숙여서라도 전쟁을 막을 수 있으면 막아야 한다고 주장합니다. 성호 선생이 남한산성에 있었더라면 무조건 화친을 주장했을 것은 당연합니다. 왜 그렇습니까? 제일 중요한 건 백성이기 때문이지요. 성호 선생의 머릿속에는 처음부터 끝까지 백성 생각뿐이었습니다. 성호 선생의 백성 생각이 가장 잘 드러난 글 한 편을 소개하고 이 장을 마칩니다. 이 장의 제목에 어울리는 훌륭한 글입니다. 우리 시대의 정치가가 머리맡에 붙여 놓고 보고 또 보아도 좋을 글입니다.

조위한이 여러 사람과 한자리에 모였을 때의 일이다. 어떤 사람이 (왜란이 일어난) 어지러운 세상에 태어났음을 탄식하자 조위한이 이렇게 말했다. "이 난리가 더 일찍 일어났다면 우리의 조상이 당했을 것이고, 더 뒤에 일어났다면 우리의 자손이 당했을 것이다. 차라리 우리가 이 어지러운 세상을 만나 대처하는 게 옳지 않겠나?" 논평하는 자들이 이치에 통달한 말이라고 감탄했다.　　　　―「조위한의 말」

공부의 달인

옛사람은 무지개가 물을 마신다고 생각했다. 내 경험으로
보면 그렇지 않다. 젖은 구름이 앞에 있을 때 사람이 해를
등지고 바라보면 무지개가 보인다. 습기가 멀고 가까운 데
에 따라서 무지개는 혹은 멀리 혹은 가깝게 보인다. 사람이
한 걸음 전진하면 무지개도 한 걸음 멀어지는 걸 보면 무지
개는 일정한 위치에 박혀 있는 것이 아니다. 또한 습기가 없
어진 곳까지 가면 무지개는 보이지 않는다. 무지개가 물을
마신다는 것은 일시적인 이변일 뿐이다. 무지개가 어찌 일
정한 위치에서 물을 마셔서 빨아들일 수 있겠는가?

주자는 "무지개는 엷은 비에 해가 비춰서 나타나는 것이다.

그러나 또한 형체가 있어 물도 마시고 술도 마실 수 있다"
라고 했으며 "물을 마실 수 있으니 창자도 있을 것이다"라
는 말까지 남겼는데 이 대목은 도무지 이해할 수 없다.

—「무지개가 물을 마신다」

무지개를 다룬 이 글 한 편에 성호 선생의 공부법이 모
두 들어 있다고 생각합니다. 제일 먼저 등장하는 방법은 의
심입니다. 이 글에 따르면 무지개가 물을 마신다고 말한 이
는 조선 선비가 하늘처럼 떠받들던 성현 주자입니다. 무지개
가 물도 마실 수 있고, 술도 마실 수 있으며, 창자도 있는 것
이 분명하다는 주자의 말은 그가 아무리 성리학에 박식한 사
람이었다고 해도 오늘날 우리에게는 그저 우스갯소리 이상
으로 들리지 않습니다.

조선 후기에는 달랐습니다. 주자의 말 한 마디 한 마디
는 사람의 머리 위엔 하늘이 있고 발아래에는 땅이 있는 것
처럼 불변의 진리 그 자체였습니다. 주자 사랑에 누구보다도
열심이었던 당대의 주류 권력 집단 노론은 근수규구謹守規矩,
즉 성현이 정해 놓은 법도를 의심하지 않고 잘 지키는 것을
삶의 유일한 원칙으로 삼았고(「함장록」), 주자의 말에 조금이
라도 토를 달거나 문제를 제기하는 사람에게는 곧바로 사문

난적斯文亂賊이라는 시뻘건 딱지를 붙였습니다. 『독서기』를 쓴 윤휴와 『사변록』을 쓴 박세당이 노론의 희생양이 된 대표적인 학자였지요. 더군다나 윤휴는 성호 선생의 아버지 이하진과 무척 친분이 깊었던 인물이었습니다. 『조선왕조실록』에는 두 사람의 친분 그리고 주자에 대한 공통된 생각을 보여 주는 기사 하나가 실려 있습니다.

주강晝講에 나아갔다. 윤휴도 참석했다. 윤휴가 말했다.
"『논어』의 주는 읽을 것 없습니다."
동지사 김석주가 반박했다.
"『논어』의 주는 버릴 수 없습니다."
윤휴가 다시 말했다.
"과거를 보는 선비가 공부하는 것과 다르니, 읽을 것 없습니다."
검토관 이하진이 말했다.
"윤휴의 말이 매우 옳습니다."   ─숙종 1년(1675) 1월 18일

임금인 숙종 앞에서 윤휴가 주자가 단 『논어』의 주를 읽을 필요가 없다고 주장하고, 이하진이 이에 적극적으로 찬성한 장면입니다. 물론 노론은 불경한 윤휴와 이하진을 그냥

두지 않았습니다. 윤휴는 사사되었고 이하진은 귀양지에서 세상을 떠났지요(윤휴가 사사된 것은 1680년, 이하진이 유배지에서 사망한 것은 1681년, 서인이 노론과 소론으로 갈라진 것은 1683년이지만 이 글에서는 노론으로 통일하기로 합니다).

이러한 아픔이 있었기에 성호 선생의 집안은 매사 조심 또 조심했습니다. 윤휴와의 연결 고리를 제거하고, 남인이지만 비교적 온건한 주장을 펼쳤으며 인품 또한 훌륭했던 허목과의 인연을 강조하는 일종의 신분 세탁 작업을 진행하기도 했습니다. 성호 선생 역시 이러한 과정을 잘 알고 있었기에 허목의 정통성을 강조하는 글을 여러 편 썼습니다.

조정에 나가 임금을 섬길 때는 반드시 경전에서 의리를 끌어내어 요순의 도가 아니면 진언하지 않았으며, 물러나 집에서 지낼 때는 주공周公과 공자의 도를 좋아하여 한 가지 선을 행하는 정도로 이름나려고 하지 않았으니 이것이 선생의 본모습이다.　　　　　—「미수 선생이 전서와 예서로 쓴 3종의 서첩에 대한 발문」

하지만 성호 선생의 공부법은 윤휴의 주장과 놀랍도록

비슷했습니다. 성호 선생은 성현이 후세에게 바라는 건 맹목적인 순응이 아니라 의심스러운 의리를 연구해 진리를 밝히는 것이라고 보았습니다. 성현의 말을 맹목적으로, 곧이곧대로 믿고 끝내는 게 아니라 왜 그렇게 말했을까, 혹시라도 잘못된 점은 없을까 의심하고 또 의심해 마침내 자득, 즉 스스로 깨닫는 경지에 이르는 것이 진정으로 성현의 뜻을 따르는 참된 공부라고 보았지요. 성호 선생은 「맹자질서 서문」과 「중용질서 후설後說」에서 이렇게 썼습니다. 후자에서는 선생의 장기인 음식 이야기로 논리를 펼쳐 나갑니다.

> 아랫사람이 공부에 진전이 있기를 바라면서 윗사람의 생각에 한 점의 의심도 없다고 스스로 말한다면 이는 어리석은 사람이거나 윗사람에게 아부하는 사람이다. 나는 실로 이러한 태도를 수치스럽게 여긴다. (……) 나의 학설이 맞지 않는다면 그 책임은 학설을 주장한 나에게 있으니, 『맹자집주』孟子集注의 권위에 무슨 손상이 있겠는가? 주자께서 다시 살아나셔도 학문의 진보를 구하는 나의 마음을 애처롭게 여겨 내 주장이 들어맞지 않는 것에 대해선 일체의 책임을 묻지 않으실 것이다.　　　　　　　　　　—「맹자질서 서문」

학문하는 사람은 반드시 의심하여야 한다. 의심하지 않으면 얻더라도 견고하지 못하다. 의심이란 쓸데없이 의심하여, 괜히 우물쭈물 결정하지 못하는 것을 말하는 게 아니다. 만일 이러이러해서 옳다는 것을 안다면 반드시 이러이러해서 잘못되었다는 것도 겸하여 살펴야 비로소 깨달음을 얻는 것이다. 그렇지 않으면 사람들이 혹 그른 것을 옳다 하여도 장차 대응할 길이 없다.

비유하자면, 과일을 먹는 것과 비슷하다. 복숭아와 살구 같은 과일을 주면 그 과육만 먹고 씨를 버리는 것은 과일의 맛이 과육에 있기 때문인데, 그러면서도 오히려 씨 안에 다시 더 좋은 맛이 있지 않을까 하고 의심해야 한다. 다른 날 개암과 밤 따위를 주면 그 껍질을 벗기고 그 씨를 먹으니, 이번에는 그 맛이 씨에 있기 때문이다.

그렇다면 지난번 복숭아씨의 맛이 씨를 먹을 수 있는 개암과 밤의 그것처럼 맛있지 않다고 어떻게 장담하겠는가? 복숭아와 살구를 먹었을 때 의심의 마음으로 모두 깨물어 봐서 분명히 알았다면 어찌 다시 이런 문제가 생기겠는가? 그러므로 의심을 하는 것은 의심을 없애려는 방법이다.

—「중용질서 후설」

'사문난적' 윤휴의 글과 한번 비교해 보기 바랍니다.

주자도 경서를 주석하면서 여러 사람의 학설을 모아 절충하여 비로소 결론을 지었다. 그러나 그렇게 하고서도 늘 문인과 강습을 하고 또 직접 몸으로 체험도 해 보다가 혹시 설명이 투철하지 못하거나 견해가 미흡하거나 실행이 안 된다고 여겨지는 곳이 있으면 반드시 다시 수정하고 또 토론을 거쳐 다시 수정했다. 임종할 때까지 그렇게 계속했다. 주자는 항상 "요즘 친구들과 변론하고 질정하던 차에 나의 예전 이론이 온당치 못한 점이 있음을 비로소 알게 됐다"라고 고백했으니, 이렇게 고친 것이 한두 번이 아니었음을 알 수 있다.　　　　　　　　　　　　　　　　—「독서기 중용 서문」

성호 선생은 사문난적이라는 단어 하나로 학문의 세계를 공포로 떨게 만들었던 세력에 쓴소리 또한 아끼지 않았습니다. 다음의 글을 보면 노론에서 왜 시골에 사는 성호 선생을 보는 눈이 곱지 않았는지 이유를 잘 알 수 있습니다.

지금 학자는 금망禁網을 설치해 놓고, 칼과 톱을 휴대하며 사람을 기다린다.　　—「묻는 것은 부끄러운 일이 아니다」

생각하면 망령된 짓이라고 하고, 의심하면 참담한 짓이라고 하며, 뜻을 밝히면 군더더기 말이라고 한다. 모든 사소한 것과 일체의 비근한 것까지 억지로 금령을 설치하고 눈을 부라리니 어리석음과 지혜로움의 구별이 불가능하게 되었다.   —「논어질서 서문」

성호 선생은 노론의 공격을 늘 염두에 두고 조심했지만 그러한 상황에서도 할 말은 했으며, 의심을 권하는 주자의 말을 늘 충실히 따랐습니다. 주자를 의심한 건 물론이고 성인 중의 성인인 공자 그리고 남인의 정신적 지주 이황까지도 의심의 대상으로 삼았습니다.

『논어』 20편이 모두 성인의 말씀과 행실을 적은 것이라면 털끝만큼도 의심스럽게 여기지 않아야 타당할 것이다. 그러나 때로는 당시에만 알 수 있는 어떤 이유로 그렇게 말씀하신 부분이 있다. (……) 성인의 말씀을 배우는 자는 이치에 어긋나는 것은 버리고 그럴듯한 것만 추려서 깊이 생각하고 주석을 붙여 외우고 익혀 자기 것으로 만들면 어찌 유익하지 않겠는가? 나는 그렇게 추린 성인의 말씀을 모아 한

권의 책을 만들고 '논어익'論語翼이라는 이름을 붙이고 싶었
으나 아직 만들 겨를이 없었다. ─「성인의 말씀」

『성학십도』聖學十圖 가운데 「경재잠도」敬齊箴圖, 「숙흥야매잠
도」夙興夜寐箴圖, 「소학도」小學圖가 모두 사리에 맞거나 완전
하지는 않다. 「심학도」心學圖만이 매우 좋다. ─「함장록」

퇴계의 편지 중에 "겸개선謙開善은 승려의 이름이다. 주자가
선학을 이 중에게서 얻었다"라는 내용이 있다. 내가 살펴보
니 그 승려의 이름은 도겸道謙, 호는 개선암開善庵이었다. 그
러므로 이름과 호를 더해 겸개선이라 칭한 것이다. 퇴계 선
생이 이름이라 결론 내린 것은 잘못이다.
퇴계는 고봉 기대승에게 보낸 편지에서 왕원택이 어떤 사람
인지 모르겠다고 했다. 왕안석의 아들이라는 사실을 몰랐
던 모양이다. ─「겸개선」

성호 선생은 『논어』에 나오는 구절이라고 해서 모두 다
타당한 건 아니라고 말합니다. 일부러 애매하게 표현하기는
했으나 실은 일부 구절은 『논어』에 실릴 가치가 없다고 생
각함을 알 수 있습니다. 이황에 대한 비판은 또 어떻습니까?

이황은 훌륭한 학자였으나 구체적인 이름이나 지명을 잘못 적는 경우가 많았다고 합니다. 이황 최고의 작품으로 손꼽히는 『성학십도』 또한 문제가 적지 않다고 목소리를 높입니다. 성호 선생은 노론 학자였다면 꿈에도 하지 못했을 주장을 펼칩니다. "성인의 말씀을 배우는 자는 이치에 어긋나는 것은 버리고 그럴듯한 것만 추려서 깊이 생각하고 주석을 붙여 외우고 익혀 자기 것으로 만들면 어찌 유익하지 않겠는가?"

다시 무지개 이야기로 돌아가겠습니다. 성호 선생은 무지개가 물을 마신다는 주자의 주장이 아무래도 이상하다고 생각했습니다. 그러나 단순한 의심만으로는 아무것도 얻지 못합니다. 성현의 말을 뒤집으려면 합당한 증거가 필요합니다. 성호 선생은 무지개를 직접 관찰하기 시작했습니다. 무지개가 매일 뜨는 건 아니니 굉장한 인내와 끈기가 필요했겠지요. 하지만 성호 선생은 포기하지 않았습니다. 오랜 나날을 무지개 연구에 보낸 결과 성호 선생은 무지개가 햇빛에 습기가 반사되어 나타나는 현상일 뿐 살아 움직이는 생물이 아니라는 것을 확인했습니다. 이것이 바로 자득이지요. 그러니까 우리는 이 짧은 글에서 의심 → 관찰 → 자득으로 이어지는 성호 선생의 공부 방법을 확인한 겁니다. 사안에 따라서 의심과 관찰의 순서는 바뀔 수도 있겠지요.

성호 선생의 공부법 중 우리에게 가장 흥미로운 건 생명체에 대한 관찰을 통해 얻은 결론입니다. 성호 선생이 병아리와 벌을 직접 기르면서 그들의 삶을 세밀하게 살펴보았음은 앞에서 이미 다룬 바 있습니다. 성호 선생의 관심사는 실로 다양했습니다. 선덕여왕의 고사로 유명한 모란부터 살펴봅시다. 성호 선생은 모란에 꽤 관심이 많았던 듯 두 편에서 언급하고 있습니다.

신라의 선덕여왕은 모란도를 보고 모란이 향기 없는 꽃이라는 것을 깨닫곤 이렇게 말했다. "꽃은 무척 고와도 벌과 나비는 찾아오지 않을 것이다." 내가 경험해 보니 반드시 그렇지도 않다. 다만 꿀벌이 없는 것은 꽃은 곱지만, 냄새가 나쁘기 때문이다.　　　　　　　　─「모란에는 향이 없다」

성호 선생은 모란에 향이 없는 게 아니라 향이 나빠 벌과 나비가 찾아오지 않는 것이라고 주장하며 선덕여왕의 견해에 반하는 주장을 펼칩니다. 모란의 냄새를 맡아 본 적이 없는 저로서는 꽃에다 코를 대고 직접 향을 맡아 본 것이 분명한 성호 선생의 견해에 손을 들어 줄 수밖에 없습니다.

주돈이 선생은 "모란은 꽃 중에 가장 부귀한 꽃이다"라고 했다. 사람의 눈을 가장 기쁘게 하기 때문일 것이다. 그러나 내가 보기에 모란은 꽃 중에서 가장 쉽게 떨어진다. 아침에 곱게 피었다가 저녁이면 시드니, 이는 부귀란 오래 유지하기 어렵다는 것에 비유할 만하다. 모양은 비록 화려하나 냄새가 나빠서 가까이할 수 없으니, 이는 부귀란 또 참다운 것이 못 된다는 것에 비유할 만하다.　　　　　　ー「모란」

성호 선생은 꽃이 크고 아름다워서 부귀화富貴花 또는 화중왕花中王이라고 불리는 모란에 대한 재해석을 시도합니다. 모란이 부의 상징이 아니라 부의 허망을 상징한다는 것이지요. 주돈이는 성리학의 선구자 격인 인물로 주자가 무척 존경했던 사람이지만 역시 성호 선생은 그의 견해를 그대로 따르지 않습니다. 이번에는 말똥구리 관찰기를 살펴봅시다.

자서字書에 다음과 같은 기록이 있다. "말똥구리는 똥 덩이를 둥글게 만들어, 암컷과 수컷이 함께 굴려다가 땅을 파고 넣은 다음, 흙으로 덮고 간다. 며칠이 되지 않아 똥 덩이는 저절로 움직이며 또 하루 이틀이 지나면 말똥구리가 그 속에서 나와 날아간다."

내가 살펴보니 그렇지 않다. 처음에는 여러 벌레가 함께 더러운 똥 속에 있는데 벌레는 많고 똥이 적으면 똥을 다 빨아 먹는다. 그렇지 않으면 똥을 서로 나눠서 갖는다. 두 벌레가 한 덩이씩 차지해서 굴리는데 이리저리 뒤섞여 구별이 없다. 이는 우연히 서로 만난 것이지, 그 암컷과 수컷은 아니었다.

똥 덩이를 흙 속에 묻어 두는 건 다음 날 먹으려고 쌓아 놓는 것이다. 까마귀와 까치가 먹을 것을 얻으면 반드시 우거진 숲속에 간직해 두었다가 나중에 파헤쳐 먹는 것과 같은 이치다. 사람들은 벌레가 땅속에서 나오는 것만 보고 똥 덩이가 변해서 벌레가 되었다고 하는데, 그런 경우는 없다.

(……) 또 한 가지 우스운 일이 있다. 벌레가 똥 덩이를 굴릴 때 다른 한 벌레가 그 뒤를 따르면서 몰래 훔칠 계획을 한다. 따라가는 거리가 가까우면 엎드려 숨어 있고, 멀어지면 가만히 엿보며, 거리가 아주 멀어지면 나는 듯이 달려가서 이리저리 찾는다. 그 모습이 몹시 밉살스러웠다.

(……) 조금 커다란 종류가 있다. 그놈들은 혼자서 똥 덩이를 굴리는데, 기록에는 나와 있지 않다. 사람들은 그놈들의 배를 쪼개면 실처럼 생긴 흰 가닥이 있는데, 종기에 붙이면 그 기운이 살을 뚫고 들어간다고 말한다. 아픔을 참기 어려

우나 조금 지나면 실 같은 가닥이 변해서 물이 되고 종기의
독도 가신다고 한다. 나도 직접 시험해 본 결과 과연 그러했
다. 원리는 알 수가 없다.   —「말똥구리」

글이 재미있어 조금 길게 인용했습니다. 어릴 적 읽었던
『파브르 곤충기』에도 말똥구리에 관한 이야기가 있었던 기
억이 새삼 떠오릅니다. 말똥구리 관찰에 관한 한 성호 선생
은 곤충학자 파브르에게 조금도 뒤지지 않습니다. 성호 선생
은 이 글을 쓰기 위해 도대체 얼마나 많은 날을 말똥구리 관
찰에 쏟아부었던 걸까요? 말똥구리의 배에서 나온 흰 가닥
을 직접 종기에 붙이는 검증되지 않은 인체 실험까지 감행한
걸 보면 성호 선생의 호기심이 보통 수준이 아니라는 걸 인
정할 수밖에 없습니다. 물론 성호 선생 또한 사람인지라 집
요한 관찰이 가끔 엉뚱한 결과를 낳기도 합니다.

소는 코로 듣는다는 옛말이 있는데 관찰해 보니 과연 그렇
다. 소는 비록 귀가 있으나 귓속이 전부 막혀서 소리가 통
할 만한 구멍이 없으니, 귀로 듣지 않는 것은 분명하다. 이
가 밖으로 나타나 뿔이 되었으니, 소리가 아래 코로 통하는
것 역시 괴이할 것이 없다. (……) 소가 풀을 씹을 때는 코

로 냄새를 맡는 듯한데, 왜 그런지 나로서는 잘 이해할 수 없다.　　　　　　　　　　　　　　　　 ―「소가 소리를 듣는 방법」

성호 선생은 진지하게 썼으나 소의 귀가 막혔으며 코로 소리를 듣는다는 식의 견해는 사실과 거리가 멉니다. 성실한 관찰자인 성호 선생이 어쩌다가 이런 결론을 내리게 되었는지 모르겠습니다. 그러나 비록 엉뚱한 결론으로 이어지기는 했어도 소의 귀를 직접 살펴보고 소가 풀을 씹는 모습을 관찰하는 성호 선생의 자세만큼은 높이 사야 하겠지요. 매사에 의심하고 또 의심하는 성호 선생은 사람들이 일반적으로 인정하고 넘어가는 통념 하나도 그냥 넘어가지 않습니다.

이곡이 쓴 장안사 비문에 다음과 같은 내용이 있다.

금강산의 뛰어난 경치는 천하에 이름이 났을 뿐 아니라 불경에도 기록되어 있다. "동북쪽 바다 가운데 금강산이 있으니 담무갈보살이 일만 이천의 보살과 함께 『반야경』을 설법했다"라는 『화엄경』의 기록이 바로 그것이다. 기록에서 알 수 있듯 일만 이천은 보살의 숫자다. 그런데도 우리나라 사람은 일만 이천 봉우리가 있다는 사실을 의심하지 않고 그대로 답습하기 때문에 고칠 수도 없다. 나도 일찍이 금강산을 유람한 적이 있다. 봉우리가 아무리 많아도 어찌 그렇게나 많겠는가?   ―「금강산 봉우리는 일만 이천 봉인가?」

성호 선생의 의심은 금강산을 직접 보았을 때부터 시작되었겠지요. 기록에 따르면 성호 선생은 20세 무렵인 1700년경에 금강산을 방문했습니다(「강세황이 탕춘대에서 봄놀이한 시축에 대한 서문」). 다른 이들이 일만 이천 봉이라더니 과연 많기는 많구나 하고 감탄할 때 성호 선생은 봉우리가 많기는 하나 어떻게 일만 이천 개가 되겠는가 하고 의심을 했겠지요. 의심만으로 끝내서는 아무것도 얻을 수 없다고 했지요. 그래서 성호 선생은 일만 봉도 아니고 이만 봉도 아니고 왜 하필 일만 이천 봉이라고 부르게 되었는지, 그 유래를 찾아 나섭니다. 그 결과 이곡의 글에서 『화엄경』에 금강산이라는 이름의 산이 등장하며, 그 산에서 열린 법회에 일만 이천 명의 보살이 참여했다는 기록을 찾아냅니다. 성호 선생은 승려들이 불경을 인용해 금강산이라는 이름을 붙였으리라 추측합니다.

성호 선생의 의심이 가장 빛나는 부분은 율곡 이이가 주장했다는 10만 양병설에 대한 논증입니다.

임진왜란 전에 율곡이 군사 10만을 양성해야 한다고 말했는데, 사람들은 선견지명으로 여긴다. 한가하게 노는 자가 많으니 적절한 방법만 세우면 군사를 동원하는 것은 그리 어렵지 않다. 문제는 유지가 힘들다는 점이다.

우리나라 사람은 하루에 쌀 2승을 먹어야 하는데, 10만 인이라면 하루에 2만 두가 필요하다. 15두가 1석이니 1,330여 석이 들고 한 달이면 4만 석이 된다. 기병이 있다면 말이 먹는 꼴과 콩은 따로 계산해야 한다. (……) 10만 명의 군사가 10일 움직인다고 계산하면 그야말로 어마어마하다. 각종 잡다한 비용은 계산에 넣지 않았으니 이를 감당할 방법이 있겠는가?

이런 형편으로서는 그저 전쟁이 일어나지 않기를 바랄 뿐이며, 혹시라도 전쟁이 일어난다면 반드시 패배할 것이다.

—「미리 군사를 양성하다」

10만 양병설에 대한 논쟁은 보통 이이가 직접 주장했느냐, 그렇지 않느냐를 놓고 벌어졌습니다. 성호 선생은 전혀 다른 관점에서 10만 양병설의 효용성을 의심합니다. 어찌어찌 10만 명의 군사를 모은다고 해도 그 군사를 먹이는 데만 엄청난 비용이 발생한다는 사실을 논증한 것입니다. 결과는 명확합니다. 가난한 나라 조선에서는 도저히 감당할 수 없는 수준이라는 것이지요. 그러므로 10만 양병설은 진위가 아니라 실행할 수 없는 공상적인 이론이라는 것이 문제이지요.

성호 선생은 전쟁에 대비할 수 있는 전혀 다른 방법을 제시합니다. 평상시에 백성을 인정으로 대하는 겁니다. 진심으로 백성을 아끼고 사랑하며 백성을 위한 제도를 시행하는 겁니다. 나라의 도움으로 먹고살기가 편해지면 나라에 큰일이 일어났을 때 백성이 외면할 리 없다는 논리입니다. 성호 선생은 선비의 필수 독서 목록에 들어 있는 역사서도 그냥 넘어가지 않습니다.

나는 역사서를 읽을 때마다 늘 의심이 생긴다. 착한 자는 착한 쪽으로만 기록했고 악한 자는 악한 쪽으로만 기록했다. 그 뜻은 충분히 이해할 수 있다. 악은 징계하고 선은 권하기 위해서였을 것이다. 그러나 객관적으로 생각해 보면 과연 그랬을까 하는 의심을 지우기 어렵다. 실제 사건을 생각해 보면 알 수 있다. 선 중에도 악이 있고 악 중에도 선이 있기 마련이다. 개중에는 옳고 그름을 제대로 판단하지 못해 죄를 얻고 후세의 비난을 얻은 이도 있으니 역사서를 읽는 자로서는 염두에 두어야만 한다. ―「역사서의 선과 악 기술」

우리는 흔히 역사서에 기록된 것은 모두 사실이겠거니 생각합니다. 성호 선생은 역사서의 항목이 저자의 취사선택이며 저자의 생각이 반영된 결과라는 점을 분명히 밝히고 있습니다. 세상에는 선과 악의 경계가 모호한 경우가 많고, 행동한 당사자도 무엇이 옳은지 몰라 고심한 경우가 종종 있는데, 역사서에서는 그 고심한 내용을 쏙 빼고 선인은 선인으로, 악인은 악인으로, 그러니까 기계적이고 평면적으로만 그린다는 사실을 증거로 듭니다. 나온 결과를 보고 내용을 기술했다는 의미이지요. 성호 선생이 어떠한 시선으로 역사서를 읽고 공부했는지 알 수 있는 글입니다. 『사기』열전列傳에 나오는 「형가·자공전」荊軻子貢傳이 사마천의 작품이 아니라는 주장도 흥미롭습니다. 주자와 공자도 의심하는 성호 선생에게 사마천이 예외일 리는 없습니다.

사마천의 「형가·자공전」은 뛰어난 작품이다. 그러나 형가의 이야기는 『전국책』에 나와 있고, 자공의 이야기는 『오월춘추』에 나와 있다. 고치고 바꾼 것은 약간의 글자에 지나지 않는다.　　　―「형가·자공전의 실제 저자는 누구일까?」

지금까지 주로 의심의 측면에서 성호 선생의 공부법을 살폈습니다. 그런데 성호 선생의 공부법에서 의심과 함께 가장 중요한 건 묘계질서妙契疾書의 태도입니다.

주자가 쓴 「장횡거찬」張橫渠贊에 묘계질서妙契疾書라는 말이 나온다. 장횡거는 『정몽』正蒙을 지을 때 기거하는 곳에 필기구를 갖추어 두고, 혹 밤중이라도 깨달은 것이 있으면 곧바로 일어나서 촛불을 켜고 써 놓았다. 빨리 써 두지 않으면 바로 잊어버릴까 염려했기 때문이었다. (……) 나는 경서를 보다가 의문 나는 것이 있으면 곧바로 기록한 후 그것들을 모아 '질서'라는 제목을 달았다. 사람들은 묘계라는 문자까지 합해서 생각하면서 겸손하지 못한 태도라고 의심하니, 이는 지나친 일이다. ─「묘계질서」

묘계질서는 '갑작스럽게 떠오르는 절묘한 생각을 빠르게 적어 놓는다'라는 의미입니다. 성호 선생은 자신은 묘계를 따른 게 아니라 질서만 흉내 냈을 뿐이라고 겸손하게 말했지만, 묘계가 되었건 다른 무엇이 되었건 생각이 떠오르는 대로 기록하기 위해 노력했던 것만큼은 분명합니다.

나는 일찍이 뒷골목에서 듣거나 길 가다 들은 속담이 있으면 그때마다 수시로 기록해 두었다. 얼마 후 한 시대에 사용된 방언이 세월이 지남에 따라 혹 가리키는 바가 혼동되지 않을까 하는 염려가 들어, 이에 몇 마디 말을 덧붙여 그 뜻을 풀이해 놓았다. 그리고 그 책의 제목을 『백언해』百諺解라 했다.　　　　　　　　　　　　　　　　　　　　　　　─「백언해 발문」

그렇다면 성호 선생이 생각하는 질서는 무엇인가요? 앞에서 한 번 인용한 바 있습니다만 기억을 환기하는 의미에서 다시 인용합니다.

질서는 무슨 뜻인가? 생각이 떠오르면 곧장 기록하는 것이다. 금세 잊어버릴까 두려워한 까닭이다. 깊이 이해하지 못하면 잊어버리고, 한번 잊어버리면 그 생각은 다시는 떠오르지 않는다. 그러므로 깊이 이해하는 것이 가장 좋은 방법이고 곧장 기록하는 건 그다음이다. 하지만 이 또한 깊이 이해하기 위한 또 다른 방법이다.　　　　　　─「맹자질서 서문」

묘계질서를 의심과 더불어 성호 선생의 가장 중요한 공부법이라고 말한 건, 이 방법이 공부하는 때와 관계가 있기 때문입니다. 묘계질서가 가능해지려면 깨어 있는 내내, 아니 심지어 잠을 자는 동안에도 자기 생각에 집중, 또 집중해야 만 하지요. 다른 말로 하면 24시간 내내 계속 '열공 모드'여 야 한다는 뜻입니다. 실제로 『성호사설』에는 한밤중 혹은 이른 아침에 문득 깨달았다는 문장으로 시작하는 글이 참 많습니다.

성호 선생이 어느 날 밤, 바람이 거세게 불고 소나기가 몰아치며 천둥이 치는 소리에 놀라 잠에서 깨어납니다. 그 와중에도 성호 선생은 "바람이 거세게 불고 천둥이 치고 비가 많이 내리면 비록 밤일지라도 반드시 일어나서 옷을 갖춰 입고 갓을 쓰고 앉는다"라는 『논어』「향당편」鄕黨篇의 구절을 떠올리다가 문득 의심합니다. 자연 현상에 굳이 그렇게 요란을 떨 필요까지 있을까 하고 한동안 그 행동의 의미를 고민하던 선생은 깨달음을 얻지요.

산악이 흔들리고 냇물이 불어 넘쳐서 저 가난한 백성으로부터 온갖 금수와 초목에 이르기까지 하나도 편히 살 수 없다면, 인을 만물에 다 같이 쓰는 성인의 마음으로 어찌 혼자만이 편케 생각할 수 있겠는가?

　　　　　　　　　　　　　　　　　—「빠른 바람과 갑작스러운 천둥」

성호 선생의 아침 풍경은 더욱 볼만합니다. 성호 선생은 아무래도 아침형 인간이었던 모양입니다. 증거가 그야말로 수두룩합니다.

일찍이 병에 시달려 잠을 못 자고 밤에 깨어나 앉아 있었던 적이 있다. 새벽을 기다림이 마치 주리고 목마른 사람이 음식을 찾는 꼴이었다. 문득 『시경』 국풍國風의 시가 떠올라 소리 높여 읊었다.

"군자를 보지 못한지라 주릴 때 밥 생각나듯 참기 어렵네."

—「굶주림과 피곤」

늙으니 게으름이 날로 심해져서 아침이면 일찍 일어나지를 못한다. 그래서 이따금 두보 시를 가만히 외워 보곤 하는데 되풀이하면 묘미가 있다.

"늙어갈수록 누워 있기 편하여 아침엔 더디 일어나고 / 썰렁한 오막살이라 햇볕이 따스해서야 문을 연다."

—「벌써 동쪽 창문이 훤히 밝았다」

성호 선생은 늙고 게을러져서 아침에 일찍 일어나지 못

한다고 겸손하게 썼는데 저는 이 말을 반대로 읽습니다. 젊은 시절에는 늘 일찍 일어났다는 의미로요. 물론 누워 있다고 해서 빈둥거리는 건 아닙니다. 누워서도 쉽게 할 수 있는 공부, 즉 시를 외우며 의미를 되새기지요. 자신의 목마름에서 문득 『시경』 구절을 떠올리는 걸 보면 선생은 날 때부터 학자인 사람임이 분명합니다. 그런데 성호 선생은 이 부분에서 거짓말을 했습니다. 다음 기록을 보고 어느 부분이 거짓말인지 찾아보기 바랍니다.

밤에는 반드시 등불을 밝히고 책을 대했는데 한밤중이 되어서야 잠자리에 들고 새벽에 일찍 일어났다. 잠자는 시간이라야 겨우 서너 시간에 지나지 않았다.

—「성호 선생의 행적」

선생은 글을 읽을 때 의심이 있으면 오랫동안 사색하고 마음에 간직해 두어 잊지 않았다. 그러다가 다른 책을 읽거나 다른 사람과 이야기를 나누다가 서로 증명하고 밝힐 것이 있으면 바로 그 뜻을 알았다. 또 깊은 밤 취침한 뒤에 잠자리에서 묵묵히 연구하여 깨닫는 바가 많았다. 새벽에 일어나자마자 흔연히 터득한 것을 필기구를 가져다가 곧바로 기록했다.*

늘 의심하고 공부하는 삶을 살았던 선생은 공부에서만 큼은 누구보다 열린 사람이었습니다. 성호 선생은 '선생'이 란 단어에 스승이나 나이 많은 사람 말고도 선각先覺, 즉 먼저 깨달은 사람 또한 포함된다고 여겼습니다(「선생의 뜻」). 이를 확대해 생각하면 선생과 제자는 고정된 관계가 아니라 깨달 음의 정도에 따라 언제든 바뀔 수 있는 사이라는 의미가 됩 니다. 그런 만큼 성호 선생은 몰라서 묻는 것을 전혀 부끄럽 게 여기지 않았습니다. 제자의 생각이 더 옳다고 여기면 곧 바로 수긍하고 받아들였습니다. 또한 모르는 것을 절대 안다 고 대답하지 않았습니다.

군자는 옛사람의 본뜻을 깨닫기 위해 마음과 힘을 다해서 널리 찾아 헤맨다. 여러 이론을 모아 취사선택하고 농담과 망언일지라도 자세히 살피며, 이치에 어긋나는 터무니없는 말도 용납하여 문제 삼지 않는다. 아랫사람에게 묻기를 부 끄럽게 여기지 않는다는 말이 생기게 된 이유이다.

(……) 비유하면 아픈 사람이 의술이 용한 의원이 있다는 소문을 들으면 멀리 있는 길도 꺼리지 않고 그를 찾아가 도

움을 바라는 것과 같으며, 해는 저무는데 갈림길 앞에서 결정을 내리지 못한 나그네가 나무꾼이나 꼴을 베는 이, 혹은 부인과 어린이에게라도 찾아가서 일일이 길을 묻는 것과 같다. 물론 그 와중에 속거나 잘못 일러 주는 경우를 당할 것은 다 감수하는 것이다. 이것이 바로 "나무꾼에게도 묻는다"라는 말의 의미다.

　　　　　　　　　　　　　　　—「묻는 것은 부끄러운 일이 아니다」

공자는 일찍이 "알면 안다고 하고 모르면 모른다고 하는 것, 이것이 아는 방법"이라고 말한 바 있다. 모르는 것을 억지로 안다고 하지 말라는 뜻이다. 내 경험에 따르면 널리 지식이 많다고 이름난 자는 남이 물으면 무엇이든지 대답부터 하고 본다. 그러나 나중에 와서 자세히 상고해 보면 맞지 않는 것이 가끔 있다. (……) 다 안다고 자부하는 자는 살펴보면 대개 알지 못하는 것이 많다.

　　　　　　　　　　　　　　　　　—「억지로 대답하지 않는다」

　"나무꾼에게도 묻는다"라는 말은 『시경』 대아大雅 「판板」 3장에 나오며 공자의 말은 『논어』 「위정편爲政篇」에 나오는 것으로 자로에게 한 충고입니다. 모르는 것을 묻는 것은 두려워하지 않되 안다고 생각하는 것을 대답할 때는 오히려 신중해야 한다는 점이 흥미롭습니다.

이처럼 열린 생각을 하는 성호 선생이 서학을 서양 오랑캐의 것이라는 이유만으로 무턱대고 무시했을 리는 없습니다. 탕약망湯若望, 즉 아담 샬*의 천문 역법을 살펴보고 감탄한 성호 선생은 "성인이 다시 나오더라도 이를 따를 것이다"라고 썼습니다(「서양 역법」). 공자와 주자에게나 붙었던 성인이라는 표현을 서양 신부에게 사용한 것이나 마찬가지입니다.

안경의 성능에 감탄한 성호 선생은 "누가 이러한 이치를 알아냈나, 바로 서양의 사람이도다! 저 서양의 사람이여, 하늘을 대신하여 인을 행하였도다!"라고 쓰며 서양인이 유학의 핵심 원리인 인을 구현했다고 표현했습니다(「안경을 찬양하다」). 성호 선생은 줄리오 알레니(애유략艾儒略)의 지리서 『직방외기』職方外紀와 마테오 리치(이마두利瑪竇)의 교리서 『천주실의』天主實義를 읽고 발문을 쓰기도 했습니다.

성호 선생이 쓴 시에는 서학 공부와 관련한 심정을 담은

---

* 참고로 아담 샬은 소현세자와도 만난 적이 있다. 1644년 청나라 순치제를 따라 북경에 입성했던 소현세자는 여러 차례 아담 샬을 만나 이야기를 나누고 서양 서적과 천구의 등을 선물받았다. 소현세자는 고국에 돌아가면 선물들을 궁정에서도 사용할 것이며, 출판하여 지식인에게 보급할 계획이라는 내용을 담은 편지를 쓰기도 했다. 소현세자의 꿈이 이루어지지 않았음은 우리 모두 잘 알고 있는 바다. 이상의 내용은 강재언이 쓰고 이규수가 옮긴 『서양과 조선』(학고재, 1998), 59-64쪽을 참조했다.

시구가 등장합니다. "옛일은 교목에 다 남아 있고, 신지식은 이서異書에서 얻는구나. 우연히 지팡이 짚고 밖에 나와서, 눈길 닿는 데까지 들판을 본다."(「홍취가 일어」) 이 시에서 말하는 '이서'가 바로 서학에 대한 책이지요. 그런데 성호 선생이 소장한 서학 서적은 부친인 이하진이 사신으로 청나라를 다녀오는 과정에서 구매했던 것입니다. 학문에 대한 열린 자세를 아버지로부터 이어받았음을 알 수 있습니다. 성호 선생은 빤또하(방적아龐迪我)가 지은 교리서 『칠극』七克을 읽은 후에는 서학이 유교 공부에도 도움이 된다는 놀라운 평가를 남기기도 했습니다.

> 『칠극』은 서양 사람 방적아의 저술로 곧 우리 유교의 극기克己의 가르침과 같다. (……) 이 일곱 개의 악의 가지(칠지七支) 중에는 가운데에는 다시 절목이 많고 조리에 순서가 있으며 비유가 절실해서 가끔은 우리 유교에서 밝히지 못했던 것도 있으니, 극기복례克己復禮의 공부에 큰 도움이 된다.
>
> —「칠극」

서학에 호의적이었지만 성호 선생은 서학을 종교로 받아들이지는 않았습니다. 「천주실의 발문」에서 천당지옥설을 비판한 후에는 "서양은 무슨 이치든 궁구하지 않은 것이 없고 깊은 이치도 통달하지 않은 것이 없는데 오히려 고착된 관념에 빠져 벗어나지 못하니 안타깝다"라고 결론을 지었습니다(「천주실의 발문」). 이러한 태도 또한 성호 선생의 공부법에서 살펴볼 때는 자연스러운 것이었지요. 성호 선생은 서학도 의심은 하되, 유용한 것은 받아들이는 실용적 자세를 취했습니다.

아쉽게도 성호 선생의 제자들은 성호 선생만큼 실용적이며 유연하지 못했습니다. 성호 선생 사후 제자들이 안정복이 중심이 된 우파와 권철신이 중심이 된 좌파로 갈라진 데엔 여러 이유가 있었지만, 서학에 대한 관점의 차이가 가장 컸습니다. 권철신은 종교의 경지까지 갔고 안정복은 완고하게 배척하는 처지에 섰습니다.

성호 선생은 자신과 제자의 관계를 "살아온 행적은 다르지만, 공부를 향한 마음은 같다"라고 표현했습니다(「윤동규를 전송하며」). 제자들이 성호 선생의 공부법과 제자에 대한 애정을 머리가 아닌 마음으로 받아들였다면 생각이 다르다는 이유만으로 갈라서는 일은 없지 않았을까 상상해 봅니다. 정조 사후 천주교를 박해하는 과정에서 성호 좌파가 완벽하게 몰락한 현실을 알고 있기에 아쉬움은 더욱더 크게 남습니다.

물론 이는 단순한 성호 좌파와 관계된 문제가 아니라 조선이라는 나라의 미래에도 커다란 장애가 되었습니다. 멸망해 사라진 왕조인 명을 여전히 문명의 중심인 중화로, 청을 이적으로, 조선을 소중화小中華로,* 서양을 외면해야 할 남쪽 오랑캐南蠻로 여기며 배척한 사고는 쇄국으로 이어졌고, 결국 조선을 멸망의 길로 이끌었습니다.

서학의 가치를 인정했던 성호 선생은 불교에도 비슷한 태도를 보였습니다. 불교 자체는 좋아하지 않았지만, 승려의 공부 태도만큼은 높이 평가했습니다.

유학을 공부하는 선비들은 말끝마다 이단을 배척한다. 그런데 그들이 유학은 붙들어야 하고 불교는 배척해야 하는 이유를 확실히 아는 것인지 궁금하다. 도를 보는 것이 분명하지 못하면 진실하게 믿을 수가 없다. 나는 불교에서 스승을 높이듯이 우리 도를 독실히 믿고 지키는 자를 본 적이 없다. 그런 식견을 가지고 장차 어떻게 정밀하고 전일한 마음으로 열심히 공부하는 승려를 배척하겠다는 것인가? 우습기도 하고 민망하기도 하다.

나는 승려가 속된 선비보다 나은 점이 네 가지가 있다고 믿는다. 스승을 높이고 도를 믿는 것, 안일한 마음이 없는 것, 식욕과 색욕에 욕심이 없는 것, 만물을 사랑하는 것, 이렇게 네 가지다. (……) 내가 일찍이 절에 머문 적이 있었는데, 승려가 사대부보다 나은 것을 보고 깊게 탄식한 바 있다. —「속된 선비는 불교를 배척한다」

승려의 공부에 대한 칭찬이라기보다는 공부하지 않는 속물 유학자에 대한 비판이라고 보는 게 더 맞겠습니다. 늘 공부하고 사색하는 성호 선생이 보기에 그저 물질적인 이익만을 바라고 진짜 공부와는 아예 담을 쌓은 것이나 마찬가지인 사이비 선비의 모습은 참으로 참기 어려운 것이었겠지요. 성호 선생은 도를 함양을 한다면서 지식을 깊게 탐구하는 치지致知는 아예 포기해 버린 선비 또한 역시 가짜라며 매섭게 비판합니다.

치지와 함양涵養은 두 가지로 병행하는 공부인데 처음 배우는 사람은 치지가 먼저이다. 치지란 글을 읽어 이치를 연구하는 것이 요점이 된다. 그런데 어찌 초학자가 함양에만 의존하는가? 주자의 말을 생각해 보아야 할 것이다. "사람들은 여유롭게 맛을 봐 가며 글을 읽어야 한다고 하지만 이는 스스로 태만하겠다고 말하는 것과 다르지 않다. 종일토록 노닐면서 그것을 여유라고 생각한다면 그건 공부가 아니다."

주자의 말을 계속 살펴보자.

"공부는 맹렬하게, 몰아치듯 해야 한다. 용감한 장군이 군사를 데리고 목숨을 건 싸움을 하듯이 해야 하고, 혹독한 관리가 각박하게 법을 적용해 인정이라고는 하나도 없는 것처럼 해야 한다. 매를 한 대 때리면 한 줄기의 흔적이 나타나고 주먹으로 한 대 치면 손바닥에 피가 맺힌다. 공부 또한 그렇게 해야 한다."　　　　－「맹렬하게, 몰아치듯 공부하라」

말 한 마디 한 마디가 날카로운 회초리 같습니다. 베개를 베고 누워 있을 때도 말을 타고 이동할 때도, 심지어 화장실에 있을 때도 늘 생각하고 또 생각했던 성호 선생이었기에, 깨달을 때까지 수십 수백 번 같은 구절을 음미하며 집중했던 성호 선생이었기에 주자의 말을 자신 있게 인용할 수 있었던 것이겠지요. 하지만 성호 선생이 인용한 주자의 말은 따지고 보면 역시 전혀 새로운 게 아닙니다. 성인 공자가 일찍이 이렇게 말했으니까요.

안다는 것은 무엇인가? 오늘 한 가지 일을 깨닫고 또 내일도 한 가지 일을 깨닫는 것이다. 깨닫는 것이 많으면 아는 것이 많아진다. 공자의 말이다. "내가 일찍이 종일 아무것도 먹지 않고 밤잠을 참으며 생각에 몰두해 보았지만 아무런 유익이 없었다. 그러므로 생각하는 것은 배우는 것만 못하다."

이는 문인의 학문을 독려하기 위해 한 말이다. 성인의 문하에 있으면서 그때그때 배우는 데 열중하지 않고 스스로 한계를 지어 앞으로 나아가지 않는 이를 불쌍하게 여겼기 때문이다.　　　　　　　　　　　　　　　－「안연의 나아가는 공부법」

공자의 제자 중 공자의 뜻을 가장 잘 따른 사람은 바로 안연입니다. 공자는 안연에게 "나는 네가 나아가는 것은 보았으나 그치는 것은 보지 못했다"라는 최상의 칭찬을 퍼부었습니다. 성호 선생은 공자가 안연을 칭찬한 이유를 다음과 같이 분석합니다.

안연만이 날마다 더 배우기를 청해서, 오늘 한 가지 일을 깨닫고 내일도 한 가지 일을 깨달았다. 일단 배우면 배운 것을 알기 전에는 그만두지 않으며, 일단 물으면 물은 것을 알기 전에는 그만두지 않으며, 일단 생각하면 생각한 것을 제대로 깨닫기 전에는 그만두지 않으며, 일단 판단하면 판단한 것을 명확히 하기 전에는 그만두지 않으며, 일단 행동하면 행동해야 할 것을 독실히 하기 전에는 그만두지 않았으니, 이것이 바로 나아감이다.　　　－「안연의 나아가는 공부법」

성호 선생이 생각하는 앞으로 나아가는 공부법은 간단합니다. 오늘 한 가지 일을 깨닫고 내일 한 가지 일을 깨닫는 것입니다. 깨닫기 전에는 결단코 생각을 멈추지 않는 것입니다. 왜 그렇습니까? 공부에 내일은 없기 때문입니다.

요즈음 학문한다고 이름을 내건 이들은 먼저 깨달은 이를 만나면 곧바로 '글쎄, 다른 어진 이를 찾아봐야겠다'라고 말하며 머뭇거리니 이는 먼저 깨달은 이가 죽으면 곧바로 후회하게 된다는 사실을 알지 못하기 때문이다. 스승을 찾아다닐 여유를 얻었더라도 '하던 일을 먼저 끝내야겠다'라고 말하며 주저하니 하나의 일이 끝나면 곧 또 다른 일이 생긴다는 것을 알지 못하기 때문이다.

　　　　　　　　　　　　　　　－「안연의 나아가는 공부법」

성호 선생의 노년 공부를 잘 보여 주는 글로 장을 마무리하려 합니다. 생각과 독서가 어우러진 아름다운 삶입니다. 이 책의 독자 대부분은 비유하자면 아침 해가 떠오르거나 해가 중천에 높이 떠 있는 시절을 살고 있을 것입니다. 성호 선생은 자신 같은 노인은 촛불의 빛에 의지해서 살 뿐이라고 말합니다. 그러나 공부의 측면에서 보면 어떤가요? 성호 선생은 여전히 환한, 햇빛이 찬란한 대낮에 살고 있었다고 저는 생각합니다.

진晉나라 악사 사광이 진 평공平公에게 한 말을 인용한다. "어려서 학문을 좋아하는 것은 떠오를 때의 햇빛 같고, 자라서 학문을 좋아하는 것은 중천의 햇빛과 같으며, 늙어서 학문을 좋아하는 것은 촛불의 빛과 같다."

이 말은 무슨 뜻일까? 공부를 좋아하는 사람만이 알 수 있을 것이다. 공부란 생각하는 것보다 좋은 방법이 없으며, 깨달음에 도움을 주는 도구로는 책보다 좋은 것이 없다. 생각해도 얻지 못하면 오직 책이 스승이 된다. 밤에 생각하다 깨닫지 못했을 때는 책을 확인할 수 없어 너무 안타깝고 억울하다. 그러다가 해가 뜬 뒤에 책을 대하면 그 즐거움을 말로 다 표현하기 힘들다. 낮에 생각하다 깨닫지 못했을 때 또한 책을 본다면 얻어지지 않는 것이 없다. 해가 진 뒤에 생각하다 깨닫지 못했을 때는 촛불을 켜고 책을 보면 된다. 눈이 없어도 눈이 있게 되고 스승이 없어도 스승이 있게 될 것이니, 어느 즐거움이 이것만 하겠는가?

—「늙어도 학문을 좋아할 수 있다」

5

쓴소리 전문가

지금까지 살펴본 글에서 알 수 있듯 성호 선생은 자신을 철저하고 일관되게 선비로 규정합니다. 비록 서울이 아닌 외곽 지역 안산에서 거주하며 호박과 닭과 벌을 기르고 살지만, 농사와 양계와 양봉을 생업으로 삼는 농부는 결코 아니라는 뜻입니다. 자신의 말에 따르면 아무것도 생산하지 않고 오직 먹을 것을 줄여 세상에 도움이 되려 애를 쓰는 성호 선생이 이른 새벽부터 늦은 밤까지 생각하고 또 생각하는 건 선비로서의 반성과 자각입니다. 그렇다면 성호 선생이 그리는 선비가 도대체 어떤 사람인지를 살펴보는 게 순서이겠습니다.

선비는 여섯 가지를 참는 일에 힘을 써야 한다. 굶주림을 참아야 하고, 추위를 참아야 하고, 수고로움을 참아야 하고, 몸이 곤궁함을 참아야 하고, 노여움을 참아야 하며, 부러움을 참아야 한다. 참아서 편안해지는 경지에 이른다면 위로 하늘에 부끄럽지 않고 아래로 양심에 부끄럽지 않을 것이다.　　　　　　　　　　　　　　—「착한 사람은 복이 박한 법이다」

　착한 사람은 선비의 도리를 다하는 이를 말합니다. 이 글에 따르면 선비는 누리는 자도 아니고 다스리는 자도 아니고 베푸는 자도 아닙니다. 성호 선생이 생각하는 선비는 참고 견디는 자입니다. 선비는 굶주림과 추위와 수고와 곤궁과 노여움과 부러움을 모두 참고 견뎌야 하는 존재라는 것입니다. 왜 그렇습니까? 선비의 기준은 세상이 아니라 하늘과 자신의 양심에 있기 때문입니다. 하늘과 양심에 비추어서 부끄럽지 않은 삶을 사는 것이 선비의 목표이기 때문입니다. 남들처럼 세속적인 욕구를 다 채우고 살면서 높은 목표를 이룰 수는 없습니다. 목표가 목표이니만큼 늘 긴장한 상태로 깨어 있어야 합니다. 홀로 있을 때도 삼가고 자신을 돌아본다는 유교의 독특한 개념인 신독愼獨이 괜히 나온 것이 아닙니다.

"인간이 속삭이는 나쁜 말 한마디가 하늘의 귀에는 천둥과 같으며, 어두운 방에서 마음을 속여도 귀신의 눈에는 번개와 같다"라는 말이 있다. 이것이 바로 신독이다.

—「신독」

'하늘의 귀에는 천둥과 같으며, 귀신의 눈에는 번개와 같다'라는 구절이 매섭고 날카롭습니다. 그렇다면 홀로 있을 때도 말과 행동을 삼가고 자신을 돌아보는 선비가 추구하는 목표는 무엇일까요? 도를 행하는 것입니다. 도라고 하면 모호하고 추상적인 개념처럼 들리지만, 성호 선생이 생각하는 도는 전혀 그렇지 않습니다. 이미 인용한 바 있는 글입니다.

성인이 편히 쉬어 보지도 못하고 정처 없이 천하를 주유했던 것은 뜻이 그 도道를 행하는 데 있었기 때문이다. 무엇을 도라고 하는가? 온 천하에 궁한 백성이 없게 하는 것이다. 그러므로 "한 사람만 제 살 곳을 얻지 못하면, 자신이 마치 시장에서 매를 맞은 것처럼 부끄럽게 여긴다"라고 한 것이다.

—「백성을 구하는 방법」

어진 사람이 백성을 대함도 이와 같다. 두꺼운 이불과 짐승 가죽으로 만든 옷을 입고 숯을 피우며 따뜻하게 거처할 때에는 천하에 추위에 떠는 사람이 있는 것을 알고, 좋은 집에서 맛 좋은 음식을 먹을 때에는 천하에 배고픔을 참는 자가 있는 것을 알고, 몸이 편안할 때에는 천하에 노동을 견디지 못하는 사람이 있는 것을 알고, 마음이 유쾌한 때에는 천하에 원통하고 억울한 사람이 있는 것을 알아야 할 것이니 이것이 백성 부리기를 큰 제사 받들 듯이 한다는 것이다.

─「백성 부리기를 제사 받들 듯하라」

성호 선생이 생각하는 도는 천하에 궁한 백성이 없게 하는 것, 그 한 가지입니다. 그러므로 선비는 방 안에 있으면서도 세상을 걱정하면서 한숨을 쉬는 자이며, 백성의 고통을 떠올리며 눈물을 흘리는 자입니다.

또한 선비는 무엇을 알아야 합니까? 두꺼운 이불과 짐승 가죽으로 만든 옷을 입고, 숯을 피우며 따뜻하게 거처할 때에는 천하에 추위에 떠는 사람이 있는 것을 알고, 좋은 집에서 맛 좋은 음식을 먹을 때에는 천하에 배고픔을 참는 자가 있는 것을 알고, 몸이 편안할 때에는 천하에 노동을 견디지 못하는 사람이 있는 것을 알고, 마음이 유쾌한 때에는 천하에 원통하고 억울한 사람이 있는 것을 알아야 합니다. 추기급인推己及人이라는 말의 뜻이기도 합니다. 자신의 마음을 헤아려 본 후 사람들에게도 똑같이 하라는 것입니다. 성서에도 네 이웃을 너 자신같이 사랑하라(「누가복음」 10장 27절)는 구절이 있지요.

백성을 자신처럼 사랑하는 선비가 많은 세상은 얼마나 아름답겠습니까? 조상에게 제사 지내듯 백성에게 지극정성으로 대하는 선비가 많은 세상은 얼마나 훌륭하겠습니까? 그러나 현실은 다릅니다. 다른 게 아니라 정반대에 가깝습니다. 성호 선생이 선비에 대해 거듭 써 내려간 것도 주위에서 선비다운 선비를 보기가 무척 어려웠기 때문입니다.

오늘날 선비라는 사람들은 어떠한가? 편안히 앉아서 입고 먹으면서도 오직 더 잘 먹고 잘 입지 못할까 걱정이다. 그것도 모자라 절제 없는 사치와 낭비만 하는 삶을 산다. 공자는 배불리 먹고 따뜻이 입고서 마음 쓸 곳이 없으면 참다운 사람 되기가 어렵다고 했다. (……) 농부가 땀 흘려 농사를 짓고 여자가 힘들여 길쌈을 해도 그들은 먹고살기조차 어려운데 마음 쓸 데가 없는 사람에게 도리어 수탈만 당하니, 어찌 애석하지 않은가?　　　　　　　　　―「배불리 먹고 따뜻이 입다」

성호 선생 당대의 선비 대부분은 정의와 정반대되는 삶을 살았음을 알 수 있습니다. 농사도 짓지 않고 길쌈도 하지 않아 종일 마음 쓸 곳도 없는 인간이 (다른 말로 하면 세상에 아무런 쓸모도 없는 인간이) 먹고 마시고 즐기며 흥청망청 하루하루를 보냅니다. 그것도 모자라서 일하는 이를 못살게 괴롭힙니다. 성호 선생이 세상을 망치는 여섯 가지 좀에 선비를 과거 준비하는 자, 벌열閥閱에 속한 자, 놀고먹는 자, 이렇게 세 종류로 세분화하여 포함시킨 이유입니다.

세상을 다스리고 몸과 마음을 다잡는 데 도움이 되지 않는 글공부는 모두 해롭다. 과거를 준비하는 유생은 집안 식구는 안중도 없고 생업도 포기한 채 날이 가고 해가 바뀌도록 붓끝이나 빨고 종이만 낭비하니 이는 마음을 망치는 잔재주에 지나지 않는다. 이런 자가 벼슬을 얻으면 어떻게 되는가? 자기 재주로 성공했다고 믿고 스스로 뽐내어 사치와 교만에 끝이 없고 백성을 수탈해 자신의 바람과 욕심을 채운다.

(……) 벌열이란 원래 공로가 있어야 하는데 지금은 양반집 자손은 다 벌열이라 부르며 서민층과 구별한다. 조상의 공

로와 업적이 이미 사라지고 재능이 부족한 이도 이치에 맞지 않게 살려고 할 뿐, 농사를 부끄러워해 굶어 죽을 지경에 이르렀어도 호미와 쟁기는 절대 잡지 않는다.

(……) 농사의 이익은 겨우 두어 배에 지나지 않고 여름철 밭고랑의 괴로움보다 더한 것은 없다. 사람들은 흔히 자식 중 가장 어리석은 아이를 가리켜 농부라고 부른다. 왜 그런가? 먹고살 길이 여러 갈래가 있어 농사를 짓지 않더라도 잘살 수 있는 길이 있기 때문이다.

(……) 어려서 빈둥거리던 습관이 아예 굳어져서 커서는 놀음이나 하면서 살다가 입을 것과 먹을 것이 모자라면 남을 속이고 빼앗으며, 벽에 구멍을 뚫고 담을 넘어 도둑질까지 하면서도 전혀 꺼리지 않는다.　　　　—「여섯 종류의 좀」

세상을 망치는 부류의 공통점은 몸을 써서 생산하는 일, 특히 농사를 혐오한다는 것입니다. 왜 그렇습니까? 성호 선생은 "농사가 아니더라도 잘살 수 있는 길"이 있기 때문이라고 말합니다. 그 길이란 온갖 수단을 동원해 관직을 얻어 낸 후 일하는 자의 것을 빼앗아 잘 먹고 잘사는 길이니 실은 길이 아니라 더러운 뒷구멍이지요.

성호 선생은 이런 자가 유교에서 이단의 대명사인 양주

나 묵자보다 훨씬 못한 존재라고 일갈합니다. 양주와 묵자에겐 적어도 삶의 명확한 철학이 있었습니다. 나를 사랑하는 것爲我과 사람을 널리 사랑하는 것兼愛이었지요(그렇다고 양주가 뻔뻔한 이기주의자였던 것은 아니지만 몇 번을 양보해 그렇다 치더라도 사람을 널리 사랑할 것을 주장했던 묵자가 왜 이단인지 우리로서는 조금 의아하기도 합니다. 그러나 여기서 다룰 부분은 아닙니다).

하지만 썩어 빠진 선비는 아부로 권세를 얻고 뇌물로 사욕을 채울 뿐입니다. 삶의 철학? 그런 고상한 신념 따위는 아예 존재하지도 않습니다. 성호 선생에 따르면 소위 선비라는 자는 "자신에게 조그마한 해가 있어도 성현을 초개같이 버릴 아름다운(?) 자세"가 되어 있습니다.(「양주·묵적과 승려」) 그렇다면 벼슬을 하는 선비는 어떤 사람이어야 하겠습니까?

> 벼슬살이는 전사戰士와 같다. 전사란 집을 떠나면 그의 가정을 잊고, 북소리를 들으면 그의 몸도 잊은 다음에야 적과 싸워서 승리할 수 있다. 싸움을 두려워하거나 자신을 돌보는 마음이 있다면 어떻게 되겠는가? 싸움에서는 패하고 자기의 목숨도 보전할 수 없는 것이다.
>
> ―「충성이 아첨으로 변한다」

역시 속이 시원해지는 명쾌한 정의입니다. 성호 선생은 선비 중 벼슬을 하는 사람은 전사나 마찬가지라고 말합니다. 전사가 싸움에서 승리하는 방법은 한 가지뿐입니다. 전쟁의 시작을 알리는 북소리를 들으면 자신도 잊고 가족도 잊은 채 오직 적과 싸우는 일에만 온 힘을 다해야 합니다.

현실은 어떻습니까? 벼슬을 하는 사람의 머릿속에 든 건 백성과 나라를 위해 어떻게든 승리를 해야겠다는 절박한 마음가짐이 아니라, 자신과 가족을 위해 조그마한 이익 하나라도 놓치지 않고 다 누릴 방법은 무엇일까 하는 치졸한 생각뿐입니다. 이러한 사람이 백성에게 해를 끼치는 잘못된 제도를 개선하는 일에 과연 몸을 바쳐 나서겠습니까?

성호 선생 같은 인생의 달인도 선비가 일단 벼슬을 하게 되면 마치 다른 인격이라도 이입된 양 완전히 변해 버리는 현실에는 영 적응이 안 되었던 모양입니다. 성호 선생은 "일단 벼슬에 오르면 얼굴의 모양과 빛도 따라서 바뀐다"라고 말하곤 "나는 언제나 벼슬이 사람을 다르게 만드는 것을 이상하게 여긴다"며 고개를 가로젓습니다(「벼슬을 하면 사람이 아예 변해 버린다」). 물론 성호 선생은 선비가 벼슬만 차지하면 다른 존재로 변신하는 해괴한 돌림병이 만연하는 것을 온전히 선비의 책임으로만 돌리지 않습니다. 원래부터 악인은 아니었던 선비가 그렇게 된 데에는 다 이유가 있지요. 그렇다면 이제 선비가 온전한 기능을 다 하지 못하고 망가진 이유를 살펴보겠습니다.

당파의 폐습이 고질화하면서 자기 당이면 우둔한 자도 관중이나 제갈량처럼 여기고, 못된 관리도 선한 관리처럼 여기는데, 자기 당이 아니면 모두 이와 반대로 한다. 한 번 나아가고 한 번 물러가는 사이에 붕당 조직에만 전심하고 정치는 도외시했으니 백성이 어떻게 살 수 있었으며, 나라가 어떻게 다스려질 수 있었겠는가?　　　　　－「당파가 문제다」

붕당과 반대되는 것은 바로 어느 쪽에도 치우치지 않는다는 탕평蕩平이다. 탕평을 이름으로 삼았으니 붕당이 빨리 제거될 것 같기도 한데 근세에는 또 이른바 '탕평당黨'이라는 것까지 등장했다. 이것도 아니고 저것도 아닌 중간의 견해를 대변하는 또 하나의 붕당이다. 사람을 추천할 때는 양쪽 모두에 찬성하고 발언할 때는 양쪽 모두를 비난한다.

　　　　　　　　　　　　　　　　　　　　－「붕당」

성호 선생이 가장 먼저 지적하는 건 당쟁입니다. 조선 후기의 이야기가 아니라 지금 우리 시대를 비판하는 느낌이 드는 건 왜인지 모르겠습니다. 자기 당 사람이면 아무리 우둔한 자라도 제갈량이나 관중처럼 여겼다는 말이 문제의 심각성을 단번에 알려 줍니다. 선거철만 되면 선한 사람으로 변신하는 국회의원도 요즈음의 경향만은 아니었던 모양입니다. 이편도 저편도 아니라 주장하는 탕평당의 존재와 양편을 오가면서 이득을 챙기려는, 철새를 닮은 그들의 전략은 우리 현실과 너무나도 판박이라 실소마저 자아냅니다.

성호 선생에 따르면 이순신 장군은 당파에 휘말려 훈련을 제대로 하지 못하게 되는 상황을 경계해서 문제 무마용으로 선물할 부채를 잔뜩 준비해 놓았다고 합니다(「두예와 이순신」). 최전선에서 나라를 지키는 이순신 장군 같은 충신의 귀한 시간을 당쟁이 빼앗았던 겁니다. 이렇게 조심했음에도 이순신 장군이 백의종군해야 했음은 우리 모두 잘 알고 있습니다. 악화가 양화를 구축하는 꼴이라 하겠습니다.

이러한 이야기가 뜻하는 바는 간단합니다. 당쟁의 과정에서 참된 선비는 조정에 자리할 길이 없습니다. 그러니 생존에 목숨을 건 선비들은 눈치만 보고 이익만 탐하는 괴물이 되어야 하며, 그 피해는 백성에게 고스란히 돌아가는 것입니다.

당쟁만으로도 이미 문제가 심각한데 문벌까지 존재합니다. 차근차근 읽어 보면 조금씩 화가 나 점점 참기 어려워지는 글 몇 편을 인용합니다. 이러한 상황에서 제대로 된 선비나 관리가 나올 수 없는 건 불문가지입니다. 물론 지금 이 시대의 모습과도 크게 다르지 않습니다.

예전에는 가문을 숭상하지 않고 재주와 학문을 보았기에 비록 신분이 미천해도 출세한 자가 있었다. 근래에는 대관들이 재주와 덕은 논하지 않은 채 문벌과 지체가 한미한 것을 탄핵하고 공격한다. 그렇다면 조정의 영광스러운 벼슬자리가 모두 문벌 가문의 자손만을 위해 만들어진 것이란 뜻인가?　　　　　　－「예전에는 가문을 숭상하지 않았다」

오늘날 우리나라의 풍속은 사람을 차별한다. 노예와 신분이 미천한 이는 수백 대를 내려가더라도 부귀영화를 누릴 방법이 없고, 고위 관리를 배출한 가문에서는 바보와 천치도 모두 등용되니, 아! 애석하고 통탄할 일이다.

－「운명을 만들다」

서경署經이란 규칙이 있다. 처음으로 임금을 가까이에서 모시는 신하나 고을 수령은 자신과 어머니와 아내의 조상 사대를 차례대로 적어 올려야 한다. 대관들은 이를 자세히 살핀 후에야 신임 관리를 부임시킨다. 오직 문벌만 보고 사람의 재주와 덕은 가리지 않으니, 이런 법은 마땅히 빨리 없애야 할 것이다. 혹 이 열두 사람 가운데 결점이 있다 할지라도 어찌 이것 때문에 어진 자를 버릴 수 있겠는가?

　　　　　　—「신분이 미천했던 상진과 구종직과 반석평」

성호 선생은 문벌을 따지는 것은 결국 백성에게 해가 된다고 말합니다. 어리석은 자가 높은 지위를 차지하면 어진 이는 때를 기다리며 숨게 되기 때문입니다. 이쯤 되면 절망하거나 분노할 만도 한데 성호 선생은 그래도 선비입니다. 성호 선생은 "화나는 경우를 당하여 참지 못하는 자는 자신의 살에 스스로 상처를 낼 자다"라고 말하기도 했습니다 (「화를 옮기지 않는 법」). 비록 당쟁과 문벌 탓에 제대로 된 선비가 뜻을 펼치기 어려운 세상이 되었으며 선생 역시 그 과정의 희생자였지만 우리의 성호 선생은 그래도 선비이기에 세상을 바로잡아야 한다는 생각을 그 어떤 경우에도 접을 수는 없습니다. 성호 선생은 인재를 등용하는 공식 절차인 과거 제도부터 집중적으로 살핍니다.

> 새 임금이 왕위에 오르면 정치와 교화가 시작된다. 증광시
> 와 생원시를 보는 것이 사리에 맞는 것 같다. 그렇다면 현
> 안을 논하는 책문策文으로 인재를 평가해 등용해야 할 텐
> 데 도대체 왜 시부詩賦로 평가하는 방법이 관행으로 굳어진
> 걸까?　　　　　　　　　　　　ー「특별히 시행되는 과거의 문제점」

성호 선생은 책문이 아닌 시나 문장을 잘 외우는 사람이
선발되는 과거 제도의 문제를 여러 곳에서 지적합니다. 지금
우리가 생각해도 의아한 부분이지요. 문장 작법을 공부한 사
람이 과연 현실의 복잡한 문제를 이해하고 해결할 능력이 있
겠습니까? 앞에서도 강조했듯 미식가인 성호 선생은 떡으로
예를 들었습니다. 과거 공부만 하는 자는 떡을 만드는 과정
이나 떡의 모양은 잘 설명할 수 있지만, 떡의 맛은 모르는 자
라는 것이지요.(「육경과 시급한 현안의 관계」)

또 다른 문제는 과거 제도가 겉으로는 공정한 것처럼 보
이지만 실은 서울에 사는 문벌 집안의 자제에게 유리하게 되
어 있는 구조라는 것입니다. 성호 선생은 이를 "누구를 선발
할 것인지 아닌지는 정승에게 달려 있는데 이 정승이라는 인

간들은 자식에게 얽매이고 친구에게 흔들린다"(「특별히 시행되는 과거의 문제점」)라고 표현합니다. 시험장 뒤에서 벌어지고 있는 일을 암시하는 문장이지요. 그러니 문벌이 없는 이는 그저 들러리 역할만 할 뿐입니다. 순진한 시골 선비는 합격 가능성이 거의 없다는 것도 모르고 수많은 비용을 들여 천 리 길만 왔다 갔다 하는 셈이니 참으로 안타깝지요.

조정에서 과거를 시행하는 횟수가 매우 빈번하니 젊은이가 독서하고 이치를 궁리하려고 해도 어찌 그럴 겨를이 있겠습니까? 수십 년 이래 경서 한 권을 모두 읽은 사람이 있다는 말을 아예 듣지 못했고, 친구들에게 물어봐도 모두 그렇다고 합니다. 퇴계가 이른바 과장科場을 연다는 소문이 바람이 불어 풀이 요동치는 듯 다가온다고 한 것이 이 경우를 두고 한 말입니다. 급제하고 낙방하는 것은 그렇다 치더라도 돈과 식량을 낭비하는 것이 가난한 백성의 큰 우환입니다.

—「윤동규에게 답하다」

그런데 성호 선생이 전하는 과거장의 풍경은 실로 놀랍습니다. 적어도 시험장만큼은 경건하고 엄숙했으리라 생각했던 믿음이 와장창 무너집니다.

요즘 과거에서 성공을 거두는 이는 태반이 미리 지은 것이거나 아니면 다른 사람이 대신 지은 것이다.

　　　　　　　　　　　　　　　　　　　—「과거용 문체」

요즈음에는 선비의 풍습이 너무도 한심한 수준이다. 과거 시험장에서도 문제를 일으키는 일이 다반사며 가끔은 고시관을 때리기까지 한다고 한다. 그런데도 나라에서는 이를 막지 못한다.　　　　　　　　　　—「고시관을 때리다」

　합격하는 사람의 태반이 답안지를 그 자리에서 직접 쓰지 않았다는 것이지요. 미리 지은 글이거나 남이 대신 지어 준 글이라는 것입니다. 시제가 사전에 유출되었다는 뜻이기도 하겠습니다. 그러니 과거란 실은 아이들 놀이보다 불공정한 제도가 되어 버렸습니다. 아이들의 놀이에도 최소한의 규칙은 있으니까요. 더 놀라운 건 고시관을 때리는 일까지 자주 발생했다는 것입니다. 그런데도 나라에서는 손을 놓고 있었다고 합니다. 한숨 쉬고 비판하기에도 지친 성호 선생이 단호하게 말합니다. “나는 이런 따위를 모두 빨리 없애 버려야 한다고 생각한다.”(「특별히 시행되는 과거의 문제점」)

성호 선생이 계획도 없이 무작정 과거를 없애고 끝내자고 주장하는 건 아닙니다. 성호 선생은 몇 가지 대안을 제시합니다. 먼저 실력 있는 선비를 제대로 뽑는 시험 제도를 제안하지요. 구체적인 시행 방법은 이렇습니다. 나라에서 어떤 안건에 대한 책문을 내린 뒤 각지의 선비가 제출한 답안을 살펴 일정 수의 선비를 1차로 선발하는 것입니다. 그런 후 그들을 궁정에 모이게 해 사흘 동안 세 문제를 더 제출하고 답하게 합니다. 처음 답안을 제출할 때 외부의 도움을 받았을 가능성이 있으므로 그 부분을 집중해서 검증하자는 것이지요. 이 과정을 거쳐 선발된 인원이라면 그들의 능력을 믿고 쓸 수 있다는 것입니다.

임금은 책문을 반포해 의견을 묻는 것과 똑같이 한다. 사방의 선비가 의견을 올리면 각 지역 관찰사는 글을 봉해 임금에게 올린다. 임금은 글 잘 아는 이에게 명해 쓸 만한 글을 가려 뽑은 다음, 관찰사에게 명령해 뽑힌 글을 지은 선비를 정성을 다해 서울로 올려 보내게 한다.

임금은 그들을 궁궐의 뜰로 불러들여 간격을 두고 배치한 좌석에 각각 한 명씩 앉힌 후 여러 가지를 문제를 내고 답안을 쓰게 한다. 다음 날, 그다음 날도 같은 방식으로 한다.

세 번 묻고 세 번 대답한 중에서 쓸 만한 것을 가려낸다.

—「특별히 시행되는 과거의 문제점」

성호 선생은 또한 과거에 합격한 자 중에서 다시 일정 수를 추천으로 선발하는 제도를 제안합니다(「과거와 추천을 겸하는 방법」). 이러한 문제를 제기하는 건 등용되는 인원에 비해 과거에서 선발하는 인원이 너무 많기 때문입니다. 합격의 영광을 안았을 때는 좋았는데 몇 해가 지나도 집에서 놀고먹는 신세로 지내면 어떤 마음이 들겠습니까? 자연히 등용되기 위해 정당하지 못한 수단을 쓸 수밖에 없으며 등용된 후에는 들인 돈을 만회하기 위해 뇌물을 받고 백성을 등칠 수밖에 없지요.

성호 선생은 추천제 중에서 특별한 추천제를 제안합니다. 바로 농부 중에서 인원을 선발해야 한다는 겁니다. 성호 선생이 농부를 선발하자고 말하는 이유는 간단합니다. 백성의 고통을 직접 체험한 사람이 관리가 되어야 백성의 고통을 줄일 수 있다는 생각입니다. 성호 선생은 "몸이 안일하고 듣고 보는 것이 없으니, 어떻게 백성의 살을 에고 뼈를 깎는 듯한 고통을 다 알 수 있겠는가?"(「농부 중에서 유능한 사람을 추천하고 등용한다」)라고 말하며 현실과 유리된 삶을 살아온 지체 높은 이에게 회의적인 시선을 보냅니다. 심지어는 노비도 과거를 보는 것을 허락해야 한다고 주장합니다. "노비는 줄어들고 나라는 부강해지니"(「노비를 논하다」) 일석이조라는 것이지요. 성호 선생의 대담한 생각이 돋보이는 장면입니다.

물론 성호 선생은 과거 제도를 일부 개선한다고 세상이 금세 좋아지리라고 믿지 않습니다. 과거 제도의 문제란 따지고 보면 문란한 국정의 일부일 뿐입니다. 성호 선생은 나라가 무너지기 전에 국가의 여러 제도를 대폭으로 개선해야 하며 무엇보다도 관리의 숫자를 줄여야 한다고 주장합니다. 성호 선생은 여기에서 뜻밖에도 서인의 영수였던 이이의 이름을 가져옵니다.

법에 폐단이 생기면 바꾸고 고치는 것은 당연한 형세이다. 그러나 개혁이 반드시 좋은 것만은 아니며, 가끔은 어려움을 초래하기도 한다. 개혁을 거부하는 이는 오래된 법을 부수기보다는 차라리 답습하고 버티겠다고 주장하는데 물론 이는 지금을 안일하게 보내는 데는 최고의 대책이다. 이를 집에 비유해 보면, 오래되어 무너질 지경인 집을 서투른 목수에게 맡기는 꼴과 같다. 수리를 마치기 전에 집이 먼저 무너질 가능성이 있는 것이다. 그러나 결국은 고치는 것이 오래도록 유지할 수 있는 근본적인 대책이다.

(……) 근세에 율곡이 개혁을 많이 주장하였는데 당시에 의논하는 사람들이 옳게 여기지 않았다. 지금에 와서 보면 율곡의 주장은 명쾌하고 절실하여 열에 여덟아홉은 시행할 만했다. 대개 율곡은 우리나라가 개국한 이래로 정무에 대한 식견이 가장 높았다. 그런데 지금은 사람만 공경할 뿐 그가 이룬 업적은 숭상하지 않아 나라의 폐단을 고치는 율곡의 방법이 전혀 시행되지 않는다.　　　　─「개혁을 논하다」

우리나라에서 정무에 대한 식견이 가장 높았다는 말로 노론의 정신적 상징인 이이를 칭찬한 성호 선생은 유형원의 주장 또한 이이의 이론과 대부분 합치된다고 말합니다. 노론을 불필요하게 자극하려 하지 않는 성호 선생의 조심성이 잘 드러나는 부분이기도 합니다. 성호 선생에 따르면 두 사람은 "불필요한 관원은 도태시킬 것, 관직은 오랫동안 맡길 것, 사람을 쓸 때는 덕행을 먼저 볼 것, 작은 군현은 합병할 것, 노비의 종부법從父法은 시행하지 말 것" 같은 동일한 개혁안을 주장했습니다. 성호 선생은 또한 여러 글에서 관리의 숫자를 줄이는 문제를 반복해서 언급합니다. 이 문제에 대한 선생의 관심 정도를 알 수 있습니다.

본래부터 우리나라는 토지는 좁고 관리는 많다고 했다. 토지가 좁으면 재물이 넉넉하지 않고 관리가 많으면 백성에게 뜯어내는 일이 성행하게 되니 백성은 더욱 곤궁해진다. 관리가 많은 이유는 어디에 있는가? 중국 같은 넓은 토지가 없으면서도 사람을 위하여 벼슬을 늘리는 폐단이 있기 때문이다. 내직과 외직을 모두 합해도 과거에 급제한 사람의 숫자보다 적은 것이 현실이다. 거기다가 조상의 음덕으로 벼슬길에 오르는 경우도 많으니 권세가의 자제는 바보 천치를 막론하고 벼슬 없는 자가 없고, 그들의 인척이나 줄을 댄 이 또한 벼슬에 오르지 않은 자가 없다. (……) 삼백 남짓한 고을로써 이 많은 사람의 탐욕을 채우기에는 불가능하다.

나라의 형세가 이미 이에 이르렀으니 반드시 폐단을 개혁하여 안정시켜서 나라를 처음 세울 때의 정사를 펼쳐야만 비로소 올바르게 될 것이다.

— 「필요 없는 관리를 해임하라」

여기서 한 가지 흥미로운 건 과거 제도에 대한 부정적인 견해와 관리의 숫자가 너무 많으니 대폭으로 줄이는 개혁이 필요하다는 의견을 가진 성호 선생이 출사의 꿈을 완전히 버리지는 않았다는 점입니다.

> 필부로서 국정에 간여하는 것은 진실로 죄가 되지만, 만약 평소에 아무런 생각도 하지 않고 멍하니 있다면 정사를 맡긴다 한들 장차 어떻게 처리하겠는가? 공자와 맹자를 보면 알 수가 있다.　　　　　　　　　　　－「성호 선생의 행적」

험난한 길이 놓여 있음이 분명한데도 외아들 맹휴와 수제자 안정복의 출사를 막지 않은 것도 같은 맥락에서 살펴볼 수 있습니다. 특히 이맹휴에 대해서는 이하진의 후손이라는 이유로 조정 대신 간에도 의견이 분분했던 모양입니다. 『조선왕조실록』에 따르면 과거에 급제한 이맹휴를 관리로 임용하는 결정에 최종 승인을 한 건 영조였습니다.

> "경이 일전에 '이맹휴는 이잠의 조카인데, 이잠은 선대 임금에게 죄를 지은 자이며 그 조카도 또한 하자가 있습니다' 라고 주장했다. 하지만 이잠이 역적질을 했다 할지라도 그 조카의 사람됨이 쓸 만하다면 써야 한다. 이에 구애받지 않은 경우가 옛적에도 있었다."　　－영조 18년(1742) 9월 18일

그러나 이맹휴는 병으로 성호 선생보다도 일찍 세상을 떠나고 말았으며, 안정복의 벼슬은 미미했습니다. 성호 선생의 종손 이가환은 정조의 총애를 받으며 형조판서까지 역임했으나 정조 사후 정치 공세에 휘말려 결국 옥사하고 말았습니다. 선생이 아꼈던 권철신은 고문 중에 사망했고, 선생을 존경했던 정약용은 기나긴 유배 생활로 들어갔습니다. 일찍이 성호 선생은 이가환에게 "결단하여 실행하기는 오히려 쉽고, 스스로 지조를 지키는 것이 가장 어렵다. 결단하여 실행하는 것은 한때의 용기와 관계된 일이고, 스스로 지조를 지키는 것은 평생의 용기이다"라는 가르침을 주며 공부를 독려한 바 있습니다(「가환이 훈계의 글을 써 달라고 하기에 써서 부치다」). 이가환은 성호 선생의 가르침을 지키려고 노력했지만 끝내 당파의 단단한 벽을 넘어서지는 못했습니다.

다시 원래 이야기로 돌아가겠습니다. 개혁을 머뭇거리는 세력에 대한 성호 선생의 경고는 매섭습니다. 이러한 제도의 혁신이 이루어지지 않는다면 세상은 망할 것이라고 말합니다. 글의 제목부터 「다 같이 망하다」로 의미심장합니다.

"백성은 오직 나라의 근본이니 근본이 굳건해야만 나라가 편안하다"라는 말이 있다. 군자가 권해서가 아니라 소인 또한 이 이치가 마땅하다는 것을 안다. 「탕서」湯誓는 하나라 백성의 말을 다음과 같이 적고 있다. "하나라 왕이 백성의 힘을 끊어 버리고 고을을 박해하니 백성이 게을러 화합하지 않고는 탄식했다. '저 해는 어느 때나 없어질 것인가? 나도 너와 함께 망하리라.'"

백성의 힘을 끊어 버린다는 것은 농사에 힘을 쓰지 못하게 한다는 것이며, 고을을 박해한다는 것은 정해진 세금 외의 것을 끝없이 빼앗아 가족을 부양할 수 없게 함을 말한다. 있는 힘을 다해도 먹고살 수가 없으므로 백성은 생업에도 게을러지고, 원망하고 화를 낼 뿐 화합하지 않는 것이다. (……) 나라의 멸망은 백성이 살아가지 못하는 데서 비롯된다.
　　　　　　　　　　　　　　　　　　　　　　—「다 같이 망하다」

성호 선생은 또한 "백성이 첫째이고 사직이 다음이며 임금이 끝이 된다"라는 강경한 주장까지 펼쳤습니다(「천거한 사람도 벌을 받는다」). 군자라면, 선비라면, 임금이 아닌, 나라가 아닌 백성의 편에 서야 한다는 것입니다. 위정자에게는 가슴이 뜨끔한 주장이었지요. 그러나 조선은 성호 선생의 경고를 완전히 묵살했습니다. 무너져 가는 집을 모른 척 외면하며 혼란에 혼란을 거듭하던 조선은 결국 비참하게 멸망했고, 그 모든 책임과 고통은 백성에게 고스란히 떠넘겨졌지요. 이미 나라의 운세가 많이 기울었던 고종 4년(1867) 성호 선생에게 이조판서가 추증된 건 역사의 아이러니입니다.

『성호사설』에 대한 평가

　　성호 선생의 학문과 사상은 두말할 것도 없이 남인에게 가장 큰 영향을 미쳤습니다. 성호 좌파로 분류되는 권철신과 성호 우파로 분류되는 안정복이 대표적인 제자임은 앞에서도 설명한 바 있습니다. 신후담, 윤동규, 권일신 등의 직계 제자뿐 아니라 안산 지역에 거주하던 강세황, 허필, 조중보, 신광수 등 이른바 안산 십오 학사 역시 성호 선생에게 지대한 영향을 받았지요. 일가인 이병휴, 이용휴, 이삼환 등의 존재도 빼놓아서는 안 됩니다. 이병휴는 경학, 이용휴는 문학, 이삼환은 예학의 분야에서 성호 선생의 사상을 계승했다는 평가를 받습니다. 정약용은 일가학림一家學林이라는 우아

한 표현으로 성호 선생의 집안을 기렸습니다.* 한 집안에서 배출한 학자들이 무성한 숲을 이루었다는 뜻입니다.

이제 정약용을 이야기할 차례입니다. 정약용은 이황에서 윤휴, 허목, 이익으로 이어진 남인 학문을 집대성한 학자입니다. 물론 정약용은 앞에서 살폈듯 『성호사설』 자체는 그리 탐탁지 않게 여겼습니다만 성호 선생의 학문과 인품을 누구보다 존경했던 사람입니다.

연보에 따르면 정약용은 16세 때 성호 선생의 유고를 보면서 공부했습니다. 18세 때에는 성호 선생의 제자 권철신을 모시고 천진암 주어사에서 강학회를 열었습니다. 병조참의, 우부승지 등을 지내며 정조의 총애를 한 몸에 받았던 정약용은 34세 때인 1795년 천주교와 관련되어 있다는 의심을 받고 금정찰방이라는 외직으로 좌천됩니다. 3품에서 7품으로 떨어진 것이니 급전직하인 셈이었지요.

정약용은 "벼슬이라는 건 빠르게 올라가면 쉽게 꺾이는 법이며, 총애는 늘 융성하다가도 쉽게 쇠한다"라고 쓰며 겉으로는 아무렇지도 않은 척했으나 상실감을 쉽게 다스리지는 못했습니다(「오죽헌기」梧竹軒記). 정약용은 남인의 두 스승 이황과 이익을 통해 위로를 얻었습니다. 『퇴계집』을 읽으며 『도산사숙록』陶山私淑錄을 썼으며, 성호 선생의 종손 이삼환과 여러 벗을 청해 강학회를 열었습니다. 이 기록이 유명한 「서암강학기」西巖講學記입니다.

> 매일 새벽에 일어나서 여러 친구와 함께 시냇가에 나가서 얼음을 깨고 샘물을 떠서 세수하고 양치질을 했으며, 저녁에는 산언덕에 올라가 산책하면서 풍경을 바라보았다. 연기와 구름이 섞여서 산의 기운이 더욱 아름다웠다.
> 낮에는 '질서'를 정서했는데, 목재(이삼환의 호)가 직접 교정을 하셨다. 밤에는 학문과 도리를 토론했는데, 때로는 목재께서 질문하고 여러 사람이 대답하기도 하고 때로는 여러 사람이 질문하고 목재께서 변론하셨다. 열흘 동안 이 과정을 함께했으니 매우 즐거운 일이었다.　　―「서암강학기」

소수파였던 남인 내지 소북계 사람과 안산 지역의 선비가 성호 선생의 학문을 흠모한 건 당연한 일입니다. 그러나 노론 당파에 속한 이나 서울에 거주했던 이 또한 성호 선생의 개혁 사상에 공명했다는 증거는 많이 남아 있습니다. 여기서는 『성호사설』로 한정해 살펴보겠습니다. 한학자인 정인보는 『담헌서』湛軒書를 번역한 후 서문에 다음과 같이 썼습니다. 성호 선생과 북학파의 관계를 정리한 흥미로운 글입니다.

(홍대용) 선생은 영조와 정조 연간의 사람으로서(영조 계해년(1743, 영조19)에 출생하여 정조 계묘년(1783, 정조7)에 죽었다) 황윤석과 함께 김원행을 스승으로 섬겼다. 이때 이익이 아직 생존하고 있어 자손과 문하의 제자는 대부분 실實을 숭상하고 용用을 힘썼으므로, 신진이 많이 따랐다. 이에 비록 문호는 서로 통하지 않았으나, 주장과 기운은 서로 통했다. 같은 사람끼리는 서로 호응하는 법이다. 그러므로 선생이 친하게 지낸 사람은 박지원과 박제가였는데, 이들은 모두 다 일찍이 『성호사설』을 읽었고, 모두 정철조와 친하게 지낸 사람들이었다. 그리고 박제가는 또 정약용과 친하게 지냈다. 여기에서 선생의 학문이 안으로는 실로 이익에게 영향을 받았으며, 위로는 유형원까지 거슬러 올라갔음을 알 수 있다.　　　　　　　　　　　　　－「담헌서 서문」

정인보의 견해를 뒷받침하는 실제 증거로는 「허생전」 마지막에 단 박제가의 평이 결정적입니다.

차수(박제가의 자)가 다음과 같이 논평하였다. "허생에 대한 이 글 안에는 조헌의 「만언봉사」, 유형원의 『반계수록』, 이익의 『성호사설』 등에서 말하지 못했던 내용이 들어 있다."

—「옥갑야화」玉匣夜話

박제가가 최치원과 조헌을 특히 존경했으며 조헌의 『동환봉사』東還封事를 높이 평가했다는 사실은 졸저 『북학의를 읽다』에서 밝힌 바 있습니다. 유형원의 『반계수록』, 성호 선생의 『성호사설』이 함께 언급되었다는 건 박제가가 이 두 책을 『동환봉사』와 동급으로 여겼음을 뜻합니다. 이를 통해 우리는 박제가가 『성호사설』을 읽었다고 확정할 수 있습니다. 박제가가 『성호사설』의 이름을 언급했다는 점 그리고 「허생전」 본문에 유형원의 이름이 나오는 것으로 보아 박지원 또한 이 두 책을 읽었다고 추측할 수 있으며, 박지원과 가깝게 지냈던 홍대용도 읽었을 가능성이 크다고 추론할 수 있겠습니다. 그런데 북학파 중 『성호사설』을 가장 높이 평가하고 열심히 읽은 이는 이덕무입니다.

『성호사설』은 마음이 공정하고 식견이 풍부하니, 아, 알아보는 자와 함께 말할 수 있는 것입니다. 이에 보내 드리니, 후일에 나를 위하여 이웃에서 빌려 전서를 보게 해 주시기 바랍니다.

—「성대중에게」

"알아보는 자와 함께 말할 수 있는 것"이라는 표현에 이 덕무의 마음이 잘 드러납니다. 이덕무는 자신의 저서 곳곳에 『성호사설』을 읽은 흔적을 남기기도 했습니다(「소인이라 지칭하는 어휘」). 그가 『성호사설』에서 「적게 먹는 것」을 인용하고 황정견의 식시오관을 옮겨 적었음은 앞에서 살펴본 바가 있습니다.(「먹는 데 대한 경계」) 이덕무는 정조 앞에서 서얼에 관한 이야기를 나눌 때도 『성호사설』을 인용했습니다.

> "성종 임금 때 강희맹이 『경국대전』의 "서얼의 자손은 현직에 임명되는 것을 허락하지 않는다"라고 한 것을 주석하면서 "자손이란 자자손손을 이른다"라고 해석했는데 이해에 크게 가뭄이 들어 흉년이 되었다고 합니다."
>
> 상이 물었다.
>
> "어느 책에 이러한 사실이 보이는가?"
>
> 신이 대답했다.
>
> "이 일은 이익의 『성호사설』에 실려 있습니다."
>
> ─「선고 적성현감 부군 연보 하」

『성호사설』에 유독 관심이 많았던 또 다른 인물로는 당대의 숨은 독서광 유만주를 들 수 있습니다. 1781년 유만주는 『성호사설』을 구해 읽고 그의 일기 『흠영』欽英에 다음과 같은 서평을 남겼습니다.

성호의 책을 나 같은 일개 한미한 선비가 봐서 무슨 소용이 있겠는가? 백성을 어루만지고 다스려야 할 자가 마땅히 봐야 하리라. —1781년 9월 25일*

나는 한마디로 이렇게 말한다. 성호의 책은 범상치 않다. —1781년 9월 27일

성호의 사론史論은 그 글 전체가 모두 내가 말하고 싶었으나 아직 써내지 못한 것들이었다. (……) 성호의 말씀이 어찌 날 속이는 것이겠는가? —1781년 9월 29일

유만주는 성호 선생의 집을 찾아가 취재하는 소망을 꿈꾸었으며 집안 친척에게 '질서'를 구해 달라는 부탁을 하기도 했습니다. 정통 노론 집안 출신인 유만주가 성호 선생을 얼마나 존경했는지 알 수 있는 대목입니다.

그런데 『성호사설』(정확하게 말하면 『성호사설유선』)

---

* 번역은 김하라 편역, 『일기를 쓰다』(돌베개, 2015)를 따랐다.

을 읽고 감탄한 이들에게는 공통점이 존재합니다. 대부분 소외된 지식인이라는 점입니다. 홍대용과 박지원은 노론의 명문 가문 출신이었으나 주류라고는 보기 힘든 인물이었고, 이덕무는 서얼이었지요. 박제가는 소북 집안의 자제인 데다가 서얼이었으며 유만주는 유한준이라는 명문장가를 아버지로 두었으나 정작 본인은 평생 과거에도 급제하지 못한 방외인이었습니다.

다시 말하면 『성호사설』은 반드시 읽고 반성해야 할 주체인 노론 주류에게는 별다른 영향을 미치지 못한 책이었다는 뜻입니다. 오히려 노론 주류는 『성호사설』에서 남인의 약점을 찾아내는 일에 더 몰두했지요. 이에 대한 염려는 안정복의 편지에서 이미 밝힌 바 있습니다.

지금까지 성호 선생의 편에 서서 『성호사설』을 주마간산 격으로 살폈습니다. 그런데 여기서 한 가지 밝혀야 할 사실이 있습니다. 『성호사설』에는 우리로서는 동의하기 어려운 견해도 여럿 수록되어 있다는 겁니다. 여성에 대한 편견 가득한 글이 대표적입니다.

글을 읽고 뜻을 해석하는 것은 남자의 일이다. 부녀자는 아침저녁으로 의복과 음식을 준비하고 또한 제사와 손님을 받

들어야 하니 어느 사이에 책을 읽을 수 있겠는가? 부녀자
로서 고금의 역사를 통달하고 예의를 말한 자가 있으나 반
드시 몸소 실천하지 못하고 폐단만 많은 것을 흔히 볼 수
있다.

우리나라 풍속은 중국과 달라서 문자의 공부란 힘을 쓰지
않으면 불가능하다. 그러니 부녀자는 처음부터 할 수 있는
일이 아니다. 『소학』과 『내훈』도 사실은 모두 남자가 익힐
일이니, 부녀자로서는 조용히 궁리하여 그 말 하고자 하는
바만을 알고 일에 따라 실천하면 그만이다. 부녀자가 만약
누에 치고 길쌈하는 일을 소홀히 하고 글공부에 힘쓴다면
그것이 과연 옳겠는가?   —「부녀자에 대한 가르침」

과부의 아들은 두드러진 행실이 있기 전에는 친구로 삼지
않았다. 지나치게 피하고 꺼리는 것으로 보이지만 보통 사
람의 집에서 부녀자를 비방하는 소리가 나오는 경우 그것은
반드시 과부와 처녀 쪽이다.   —「처녀와 과부」

성호 선생은 모든 존재를 다 사랑하는 따뜻한 사람이었
지만 그 사랑에 여성은 포함되지 않았습니다. 여성은 책을
읽을 필요가 없다는 견해나 과부의 아들은 되도록 사귀지 않

는 게 좋겠다는 견해 모두 어떻게 설명해야 할지 저는 잘 모르겠습니다.

성호 선생의 편에서 변명하자면 이렇게 말할 수는 있겠습니다. 열린 선비였던 성호 선생이 이 정도였다면 당대의 일반적인 선비는 여성에 대해 도대체 어떻게 생각했던 걸까요? 하지만 거의 같은 시기를 살았던 노론 성리학자 임성주가 누이동생인 임윤지당에게 사서를 가르쳤으며 말년까지 편지로 성리학 문답을 주고받았던 경우(「작은 오라버니께 올린 제문」)를 생각해 보면 성호 선생의 편견은 조금 아쉽습니다. 다음과 같은 글은 또 어떤가요?

힘을 들여 도적을 잡아 보았자 그다지 쓸데없는 헛된 품계를 얻는 데 지나지 않는다. 도적을 잡는다는 것은 전쟁터에 나아가는 것과 같다. 위험한 곳을 몸소 다니며 백성의 해독을 제거하는데도 오히려 조그마한 녹도 받지 못하고 가끔은 나쁜 사람과 원수를 겨서 이따금 어려움에 빠지니 과연 누가 도둑 잡기를 즐겨 하겠는가?

—「도둑을 잡은 자에게 관직을 수여하라」

성호 선생은 도둑이 된 이에 대한 연민의 감정을 여러

차례 드러낸 바 있습니다. 그런데 이 글은 어떻습니까? 도둑을 잡아야 한다는 드높은 목소리에서 이 글이 과연 도둑에 대한 넓은 이해심을 가졌던 이가 쓴 글인지를 의심하게 만듭니다. 이런 면에서 볼 때 성호 선생은 역시 선비로구나 하는 생각(성호 선생 또한 기존의 위계질서를 혁명적으로 뒤집는 것에는 동의하지 않았다는 의미입니다)이 저절로 듭니다.

이번에도 성호 선생을 변명해 보자면 당시의 조선은 사회의 규범이 무너질 대로 무너진 혼란한 사회였다는 점을 들 수 있겠습니다. 백성이 도둑이 된 배경과 심정은 이해하지만 그래도 선비인 입장에서 그 혼란을 그냥 두고 볼 수는 없다는 마음이 작용한 결과이겠지요. 그런 의미에서 법률의 강력한 집행을 여러 차례 주장한 것일 테고요.

통치의 방법을 아는 임금은 운 좋게 나타나는 선한 백성을 바라지 않고, 사람을 선하게 만드는 방법을 직접 실천하는 것이다. (……) 선으로 인도하는 데에는 윤리 도덕과 예보다 좋은 것이 없으며, 악을 그치게 하는 데에는 법과 형벌보다 더 좋은 것이 없다. ─「정사와 형벌」

영남에 대한 치우친 견해도 받아들이기가 좀 어렵습니

다. 성호 선생은 자신의 정신적 고향인 영남에 대한 글을 무척 많이 남겼습니다. 이황과 조식을 존경하는 성호 선생의 마음은 알겠습니다만 한두 편도 아닌 거의 열 편에 달하는 글에서 성호 선생은 영남을 치켜세우고 있습니다. 물론 논리적인 칭찬과는 거리가 멉니다(제가 영남을 싫어한다고 오해는 하지 마시길. 저는 서울에서 나고 자랐습니다).

> 영남은 서울과 멀리 떨어져서 풍속이 완전히 다르다. 누에를 치고 삼으로 길쌈하며 겸해서 무명을 생산하여 부녀자가 밤에 잠을 덜 자고서 사철 옷을 장만한다. 상장喪葬과 혼인에 필요한 물자가 집안에서 마련되지 않는 경우가 없으며, 또 서로 구호하는 일에 독실하여, 가세가 빈곤해서 의식을 갖출 수 없는 자는 친척과 벗이 함께 도와서 파산을 면하게 한다. 빈한한 선비의 낙토라 이를 만하다.
>
> ─「영남의 풍속」

여성과 도둑에 대한 생각, 그리고 영남에 대한 맹목적인 칭찬이 선비이자 유학자이자 이황의 뒤를 잇는 성호 선생의 특별한 입장에서 나왔다면 다음 글은 또 어떻습니까?『성호사설』을 소개하는 많은 책에서 소개하지 않고 넘어가는 글입니다.

바닷가에 인접한 산과 제주에는 사슴이 많이 있는데, 다 잡아 버려도 이듬해가 되면 여전히 번식한다. 바다의 물고기가 변해서 사슴으로 되는 것이 분명하다. 송나라 때 어느 고을에서 한 짐승이 떨어져 죽었는데, 길이는 열 길이 넘고 몸은 전체가 물고기처럼 생겼으며 턱 밑이 찢어져서 죽었다는 기록이 있다. 이는 반드시 물고기가 변해서 용이 되려던 것인데, 온몸이 다 변화하기 전에 용과 싸우다가 서로 부딪혀서 죽은 것이리라. 이런 변을 당하지 않고 오랜 세월을 지냈다면 반드시 용으로 변화했을 것이다.

사슴의 몸에 물고기 비늘이 있는 것은 곧 이런 이유이고, 공자가 서쪽으로 순행할 때 얻었다는 기린도 이런 종류였다는 사실을 비로소 알겠다.

—「물고기가 기린과 봉황으로 변하다」

용에게는 헤아릴 수 없는 신기한 조화가 있다. 성을 내고 일어나면 집이 흔들려 뽑히고 나무가 꺾인다. 이는 옛날에 일찍이 내가 경험한 사실이다. 서해에서 용이 싸우면 사나운 바람이 남쪽에서 북쪽으로 불고, 또 천 리가 넘는 동해까지 미치니 무엇이 그의 힘을 대항하겠는가?　　　—「용의 힘」

옛 기록에 이렇게 되어 있다. "여우가 백 년을 묵으면 변해서 음부도 되고 미녀도 된다. 여우는 사람의 해골을 머리에 덮어쓰고 북두칠성을 향해 절을 하는데, 덮어쓴 해골이 땅에 떨어지지 않으면 변해서 사람이 된다."
이런 전설은 허황한 말이다. 그러나 지금 사람도 들에서 가끔 여우를 만나게 되는데, 어떤 때는 혹 사람 모습으로 변장하여 사람의 정신을 어지럽게 만든다고들 한다.
　　　　　　　　　　　　—「여우가 사람을 홀린다」

어떻습니까?『왕좌의 게임』같은 판타지의 세계가 따로 없지요? 비범한 현대 작가 보르헤스의 글과 비교해 보는 것도 재미있겠습니다.

용은 자신의 의지에 따라서 인간에게 보일 수도 있고, 또 보이지 않을 수도 있다. 봄이 되면 하늘로 올라가고, 가을이 되면 물속 깊숙이 들어간다. (……) 하늘에 사는 용은 신들의 궁전을 등에 지고 다니며 신들의 궁전이 땅에 떨어지는 것을 막는다.*

---

* 호르헤 루이스 보르헤스, 남진희 옮김,『상상동물 이야기』(까치, 1994), 143쪽.

    각설하고, 성호 선생은 용이 실제로 존재하고 구미호가 들판에서 사람을 유혹하며 커다란 물고기가 사람을 삼킨다고 믿었던 시대에 살았던 사람입니다(「배를 삼키는 커다란 물고기 탄주어」). 우리가 『성호사설』을 읽을 때 이 점은 염두에 두어야 하겠지요. 어떤 부분에서는 200여 년의 시차가 그리 중요하지 않게 작용을 하나, 또 어떤 부분에서는 이해의 폭을 넘어서는 세월의 간극이 무척 크다는 사실 또한 인정할 필요가 있습니다. 그런데 200여 년의 차이는 가끔은 우리가 미처 생각하지 못했던 부분에 놀라운 깨달음을 던져 주기도 합니다.

『한서』漢書에 다음과 같은 기록이 있다. "주나라가 쇠망할 무렵에는 추운 해가 없었고, 진나라 말기에는 더운 해가 없었다." 사람들은 별로 믿지 않으나 나는 근년의 일을 가지고 이를 증명해야 한다고 생각한다. 북쪽의 사신이 오려 할 때는 반드시 추운 바람이 한 번씩 분다. 저 사신 몇 사람이 오고 가는 것이 하늘의 기후와 무슨 관계가 있어서 그렇겠는가? 더구나 한 세대의 정치가 좋고 나쁜 데에 어떻게 서로 감응이 되지 않겠는가? 정치를 담당한 사람으로는 경계할 줄을 알아야 할 것이다.　　　　―「추운 해와 더운 해」

신하들이 선조 임금에게 건의했다. "은광을 민간에 맡겨 채취하도록 하고, 세금을 받아 국가의 재정을 넉넉하게 하는 것이 좋겠습니다."

선조가 이렇게 답했다.

"혼돈을 파헤치면 혼돈이 죽고, 은혈銀穴을 파헤치면 인심이 죽는다."

아! 훌륭하신 말씀이여! 그 염려하신 생각이 심원하도다. 뭇 신하는 거기까지는 생각이 미치지 못했다.　　　—「은광」

이 두 글 모두 우리의 논리로는 받아들이기 어렵습니다. 나라가 망하기 전에는 해가 어두워진다느니, 혼돈이라는 것이 실제로 있어 혼돈을 파헤치면 혼돈이 죽는다느니 하는 말은 과학적 사실과 아무런 관련이 없는 이야기지요. 그러나 이 글들에는 매서운 경고가 들어 있습니다. 정치를 담당하는 사람이 열심히 일하지 않으면 하늘이 경고를 내리며, 단기 이익을 위해 은광을 파헤치면 인심이 죽는다는 말은 개발에만 목숨을 건 요즈음 세태에 날리는 준엄한 일침으로 들립니다.

『성호사설』을 읽는 가장 좋은 방법은 늘 강조했듯 『성호사설』을 직접 읽어 보는 것입니다. 처음의 논의를 이어받아 말하자면 저는 역시 『성호사설』은 사설, 즉 소소하고 자잘한 이야기 모음집이라고 생각합니다. 『성호사설』을 읽는 방법을 한 가지 권해 드리겠습니다. 아무 쪽이나 펼쳐서 읽는 것입니다. 어차피 순서는 전혀 중요하지 않으므로 마음 가는 대로 읽는 것이 역시 『성호사설』을 읽는 가장 좋은 방법이겠지요. 너무 어렵다 싶으면 굳이 매달리지 말고 다음으로 넘어가면 됩니다. 그런 식으로 읽어 나가다 보면 어느 순간 성호 선생의 지식과 마음 씀씀이가 깊고 따뜻하게 느껴지는 순간이 오리라고 생각합니다. 자, 이제부터 이 책은 놓으시고 『성호사설』 읽기에 도전해 보시길! 성호 선생의 시 한 편으로 글을 마칩니다.

천한 선비로 살았는데 한때는 나라의 부름도 받았지*
농부로 지냈으나 장부의 뜻을 품었네
달빛 풍광을 마음대로 타고서 날았으니
하늘 아래 어느 곳인들 넓은 길이 아닐까

—「스스로 지은 명정」

---

* 성호 선생은 1727년 선공감 가감역관에 제수된 적이 있다.

+ 더 읽을 만한 책

『성호사설』편역

김대중 편역, 『나는 모든 것을 알고 싶다』(돌베개, 2010).

민족문화추진회 편, 『성호사설』(솔, 1997).

정해렴 편역, 『성호사설정선』(현대실학사, 1998).

최석기 옮김, 『성호사설』(한길사, 1999).

한국고전번역원 웹사이트, 『성호사설』(완역).

강명관 지음, 『성호, 세상을 논하다』(자음과모음, 2011).

설흔 지음, 『이익에게 관용을 배우다』(위즈덤하우스, 2018).

원재린 지음, 『조선 후기 성호학파의 학풍 연구』(혜안, 2003).

윤재환 지음, 『매산 이하진의 삶과 문학 그리고 성호학의 형성』
    (문예원, 2010).

이상하 옮김, 『순암집』(한국고전번역원, 2017).

최석기 외 지음, 『성호 이익 연구』(사람의무늬, 2012).

성호기념관 사이트.

3장

「병아리 기르는 법」鷄雛, 만물문, 『성호사설』

「벌을 해치는 벌레」蜂虫, 만물문, 『성호사설』

「도둑고양이」偸猫, 만물문, 『성호사설』

「배고프면 누구나 도둑이 된다」飢寒作盜, 인사문, 『성호사설』

「어린 새를 죽이고 파리를 잡게 하다」殺鷇捕蠅, 인사문, 『성호사설』

「파리를 조문하는 글」弔蠅文, 『다산시문집』

「손식노에게」與孫拭魯, 『낙하생집』洛下生集

「동천자가 엿을 보내 준 것에 사례하다」謝桐泉子惠餳, 『성호전집』

「영의정 상진」尙相, 인사문, 『성호사설』

「산 짐승을 보고 잡아먹을 생각을 하다」對生思食, 인사문, 『성호사설』

「고기를 먹는 것」食肉, 인사문, 『성호사설』

「만물은 모두 나에게 갖추어져 있다」萬物備我, 경사문, 『성호사설』

「새와 짐승과 풀과 나무의 이름」鳥獸草木名, 경사문, 『성호사설』

「걸인의 소망」丐者, 인사문, 『성호사설』

「유랑민을 고향으로 돌려보내는 방법」流民還集, 인사문, 『성호사설』

「안정복에게 답하다」答安百順 丙子, 『성호전집』

「권상일에게 답하다」答權台仲 丁丑, 『성호전집』

「노비」奴婢, 인사문, 『성호사설』

「지고의 노비 문서를 불태우다」焚地庫隷籍, 인사문, 『성호사설』

「재물이 넉넉하면 절약하기 어렵다」用裕難節, 인사문, 『성호사설』

「백성의 가난」民貧, 인사문, 『성호사설』

「땅을 고르게 나누어 주는 제도」均田, 인사문, 『성호사설』

「백성에게 주는 밭의 넓이를 제한하다」限民名田, 천지문, 『성호사설』

「토지세 감면」蠲租, 인사문, 『성호사설』

「환곡」糶糴, 인사문, 『성호사설』

「젖먹이도 군적에 오른다」新生兒充丁, 인사문, 『성호사설』

「스스로 거세한 남자」哀絶陽, 『다산시문집』

「대동법의 문제」大同, 인사문, 『성호사설』

「간사한 사람이 재물을 바닥낸다」奸人罄財, 인사문, 『성호사설』

「백성을 구하는 방법」拯捄, 인사문, 『성호사설』

「백성 부리기를 제사 받들 듯하라」使民如祭, 경사문, 『성호사설』

「화친과 항복을 빌다」乞和乞降, 인사문, 『성호사설』

「남쪽으로 옮겨 간 명을 치는 일에 대해」助伐南朝, 경사문, 『성호사설』

「작은 나라는 큰 나라를 섬긴다」小事大, 경사문, 『성호사설』

「조위한의 말」趙玄谷, 인사문, 『성호사설』

4장

「무지개가 물을 마신다」虹蜺飮水, 천지문, 『성호사설』

「미수 선생이 전서와 예서로 쓴 3종의 서첩에 대한

　　　발문」跋眉叟先生篆隷三帖, 『성호전집』

「맹자질서 서문」, 『성호전집』

「중용질서 후설」中庸疾書後說, 『성호전집』

「독서기 중용 서문」讀書記中庸序, 『백호전서』白湖全書

「묻는 것은 부끄러운 일이 아니다」不恥下問, 경사문, 『성호사설』

「논어질서 서문」論語疾書序, 『성호전집』

「성인의 말씀」聖人之言, 경사문, 『성호사설』

「함장록」, 『순암집』

「겸개선」謙開善, 시문문詩文門, 『성호사설』

「모란에는 향이 없다」牧丹無香, 만물문, 『성호사설』

「모란」牧丹, 만물문, 『성호사설』

「말똥구리」蜣蜋, 만물문, 『성호사설』

「소가 소리를 듣는 방법」牛聽, 만물문, 『성호사설』

「금강산 봉우리는 일만 이천 봉인가?」一萬二千峯, 천지문, 『성호사설』

「강세황이 탕춘대에서 봄놀이한 시축에 대한
　　서문」姜光之世晃蕩春臺遊春詩軸序, 『성호전집』

「미리 군사를 양성하다」預養兵, 인사문, 『성호사설』

「역사서의 선과 악 기술」古史善惡, 경사문, 『성호사설』

「형가·자공전의 실제 저자는 누구일까?」荊軻子貢傳, 시문문, 『성호사설』

「묘계질서」妙契疾書, 시문문, 『성호사설』

「백언해 발문」百諺解跋, 『성호전집』

「맹자질서 서문」, 『성호전집』

「빠른 바람과 갑작스러운 천둥」疾風迅雷, 경사문, 『성호사설』

「굶주림과 피곤」調飢穨尾, 경사문, 『성호사설』

「벌써 동쪽 창문이 훤히 밝았다」睡覺東牕, 인사문, 『성호사설』

이병휴, 「성호 선생의 행적」, 『성호전집』

「충성이 아첨으로 변한다」忠變爲諛, 경사문,『성호사설』

「벼슬을 하면 사람이 아예 변해 버린다」仕宦移人, 인사문,『성호사설』

「당파가 문제다」黨習召亂, 인사문,『성호사설』

「붕당」朋黨, 인사문,『성호사설』

「두예와 이순신」杜預李舜臣, 경사문,『성호사설』

「예전에는 가문을 숭상하지 않았다」不尙族姓, 인사문,『성호사설』

「운명을 만들다」造命, 천지문,『성호사설』

「신분이 미천했던 상진과 구종직과 반석평」尙丘潘三姓, 인사문,

　　『성호사설』

「화를 옮기지 않는 법」不遷怒, 경사문,『성호사설』

「특별히 시행되는 과거의 문제점」慶科, 인사문,『성호사설』

「육경과 시급한 현안의 관계」六經時務, 인사문,『성호사설』

「윤동규에게 답하다」答尹幼章 丙子,『성호전집』

「과거용 문체」律賦, 시문문,『성호사설』

「고시관을 때리다」毆擊考官, 인사문,『성호사설』

「과거와 추천을 겸하는 방법」科薦合一, 인사문,『성호사설』

「농부 중에서 유능한 사람을 추천하고 등용한다」薦拔畎畝, 인사문,

　　『성호사설』

「노비를 논하다」論奴婢,『성호전집』

「개혁을 논하다」論更張,『성호전집』

「필요 없는 관리를 해임하라」罷冗官, 인사문,『성호사설』

이병휴,「성호 선생의 행적」,『성호전집』

「가환이 훈계의 글을 써 달라고 하기에 써서

　　부치다」姪孫家煥求訓誡書以寄之,『성호전집』

「다 같이 망하다」偕亡, 경사문,『성호사설』

「천거한 사람도 벌을 받는다」擧主連坐, 인사문,『성호사설』

6장

「오죽헌기」梧竹軒記,『다산시문집』

「서암강학기」西巖講學記,『다산시문집』

「담헌서 서문」湛軒書序,『담헌서』湛軒書

「옥갑야화」玉匣夜話,『열하일기』熱河日記

「성대중에게」成士執大中,「아정유고」雅亭遺稿,『청장관전서』

「소인이라 지칭하는 어휘」稱小人,「앙엽기」,『청장관전서』

「선고 적성현감 부군 연보 하」先考積城縣監府君年譜下,『청장관전서』

「부녀자에 대한 가르침」婦女之敎, 인사문,『성호사설』

「처녀와 과부」室女寡婦, 인사문,『성호사설』

「작은 오라버니께 올린 제문」祭仲氏鹿門先生文,『윤지당유고』允摯堂遺稿

「도둑을 잡은 자에게 관직을 수여하라」捕盜受職, 인사문,『성호사설』

「정사와 형벌」政刑, 인사문,『성호사설』

「영남의 풍속」嶺南俗, 천지문,『성호사설』

「물고기가 기린과 봉황으로 변하다」魚化麟鳳, 만물문,『성호사설』

「용의 힘」龍力, 만물문,『성호사설』

「여우가 사람을 홀린다」狐魅, 만물문,『성호사설』

「배를 삼키는 커다란 물고기 탄주어」呑舟魚, 만물문, 『성호사설』

「추운 해와 더운 해」寒歲澳年, 천지문, 『성호사설』

「은광」銀礦, 만물문, 『성호사설』

「스스로 지은 명정」自題銘旌, 『성호전집』

성호사설을 읽다
: 실학 사상과 이익을 공부하는 첫걸음

2020년 8월 24일　　초판 1쇄 발행

지은이
설흔

펴낸이	**펴낸곳**	**등록**	
조성웅	도서출판 유유	제406-2010-000032호(2010년 4월 2일)	
	주소		
	경기도 파주시 책향기로 337, 301-704 (우편번호 10884)		
전화	**팩스**	**홈페이지**	**전자우편**
031-957-6869	0303-3444-4645	uupress.co.kr	uupress@gmail.com
	페이스북	**트위터**	**인스타그램**
	www.facebook .com/uupress	www.twitter .com/uu_press	www.instagram .com/uupress
편집	**디자인**	**마케팅**	
전은재, 이경민	이기준	송세영	
제작	**인쇄**	**제책**	**물류**
제이오	(주)민언프린텍	(주)정문바인텍	책과일터

ISBN 979-11-89683-68-9 04150
　　　 979-11-85152-02-8 (세트)

이 도서의 국립중앙도서관 출판예정도서목록(CIP)은 서지정보유통지원시스템
홈페이지(seoji.nl.go.kr)와 국가자료공동목록시스템(www.nl.go.kr/kolisnet)에서
이용하실 수 있습니다.(CIP제어번호: CIP2020034380)